気分で選ぶ

副菜
365

阪下千恵

Gakken

はじめに

この本では、日常的に使いやすい野菜を中心に365品の副菜を紹介しています。

「メインのおかずはあるんだけど、なんだか寂しい」「あと1品野菜のおかずが欲しい」など、献立に迷ったらこの本の出番です。

各レシピには、調理法や調理時間がひと目でわかるアイコンを表示しています。また、巻末には食材別や料理ジャンル別にレシピを探せるINDEXを掲載していますので、気分に合わせて食べたい副菜、作りたい副菜を選んでみてください。

1つの野菜でパパッとできる手軽なおかずから、いつもとちょっと違う味つけのあえもの、作りおきできるおかずまで、どれも手軽にできるものばかりです。ぜひご活用下さい。

阪下 千恵

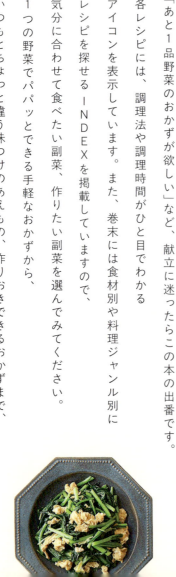

調味料 & 便利食材

この本で使う

この本で使っている材料は、身近で手に入れやすいものばかりです。ですから、どのレシピも気軽に作ることができます。

基本調味料

酢

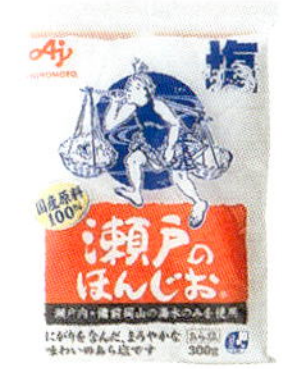

塩

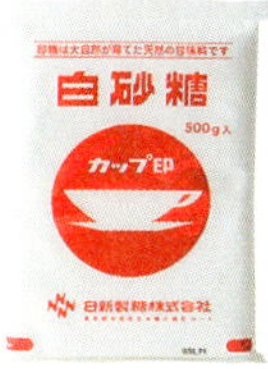

砂糖

みそ

しょうゆ

油脂

バター

サラダ油

ごま油

オリーブ油

辛み調味料

練りわさび

練りがらし

ゆずこしょう

豆板醤

ラー油

粒マスタード

フレンチマスタード

コチュジャン

粉類

- パン粉
- 小麦粉
- 片栗粉

酒類

- みりん
- 白ワイン
- 酒

うまみ調味料

- 和風だしの素
- 鶏ガラスープの素
- 固形コンソメ
- 顆粒コンソメ

その他の調味料

- ナンプラー
- トマトケチャップ
- オイスターソース
- 塩麹
- 中濃ソース
- ウスターソース
- はちみつ
- レモン果汁
- めんつゆ（2倍濃縮）
- マヨネーズ
- ポン酢しょうゆ

この本で使う 調味料＆便利食材

スパイス・ハーブ

粉山椒 / こしょう / 黒粒こしょう / クミンパウダー / カレー粉 / 粗びき黒こしょう

ローリエ / ドライパセリ / ドライバジル / シナモンパウダー / 七味唐辛子

便利食材

食材にちょい足しするだけで味に変化をつけてくれる食材です。常備しておくと便利。

塩昆布 / チーズ / たらこ・明太子 / キムチ

魚缶 / 桜えび

練りもの / 肉加工品

CONTENTS

気分で選ぶ副菜365

- はじめに ... 2
- この本で使う調味料&便利食材 ... 3
- この本の表記について ... 11

アスパラガス
- アスパラのベーコン巻き ... 12
- アスパラの焼きびたし ... 12
- ゆでアスパラの温玉のせ ... 12
- アスパラとウインナーのトマトスープ ... 13
- アスパラのおかか梅あえ ... 13
- アスパラのマヨネーズ焼き ... 13
- アスパラとツナのサラダ ... 13

アボカド
- アボカドとベーコンのソテー ... 14
- アボカドのナムル ... 14
- アボカドのしらすポン酢がけ ... 14
- アボカドとチーズのおかかあえ ... 14

オクラ
- オクラのクミン風味炒め ... 16
- オクラのめんつゆびたし ... 16
- オクラの塩辛あえ ... 16
- オクラともずくのねばねばスープ ... 17
- オクラとメンマのピリ辛あえ ... 17
- オクラ納豆 ... 17

かぶ
- かぶの中華風そぼろあんかけ ... 18
- かぶとウインナーのペペロンチーノ風炒め ... 18
- かぶの千枚漬け風 ... 19
- かぶとがんもどきの玉ねぎドレッシングサラダ ... 19
- かぶとがんもどきの煮もの ... 19
- かぶの塩昆布あえ ... 19
- かぶとレモンの浅漬け ... 19

かぼちゃ
- かぼちゃとツナのサラダ ... 20
- かぼちゃとちくわの甘辛炒め ... 20
- かぼちゃのグラタン風 ... 20
- かぼちゃのそぼろ煮 ... 21
- 焼きかぼちゃの山椒風味 ... 21
- かぼちゃのレンジ煮 ... 21
- かぼちゃの和風ごまだれサラダ ... 21

カリフラワー
- カリフラワーとコーンのサラダ ... 22
- カリフラワーのごまあえ ... 22
- カリフラワーと玉ねぎのクリーム煮 ... 22
- カリフラワーのペペロンチーノ炒め ... 23
- カリフラワーのピクルス ... 23
- カリフラワーのサブジ風蒸し煮 ... 23

きのこ
- ミックスきのこのにんにく炒め ... 24
- マッシュルームの粒マスタード風味サラダ ... 24
- きのこのしょうゆ漬け ... 24
- しいたけのねぎみそ焼き ... 25
- えのきのおろしあえ ... 25
- きのこの和風スープ ... 25
- きのこのナンプラー炒め ... 25
- 焼きしいたけのごまあえ ... 26
- エリンギのチーズ焼き ... 26
- まいたけと魚肉ソーセージのケチャップ炒め ... 26
- マッシュルームとたこのアヒージョ ... 26

キャベツ
- キャベツとくるみ、チーズのサラダ ... 28
- くし切りキャベツのレンチン温サラダ ... 28
- キャベツのナムル ... 28
- キャベツとささ身のねぎ塩だれ ... 28
- キャベツと桜えびのポン酢あえ ... 29
- キャベツのアンチョビ炒め ... 29
- ザワークラウト風キャベツと
ウインナーのスープ煮 ... 29
- キャベツの浅漬け ... 29
- キャベツとサラダチキンの塩バター炒め ... 30
- 巣ごもりキャベツ ... 30
- キャベツのお好み焼き風オムレツ ... 30

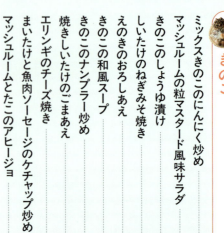

塩もみキャベツとチーズの カレー風味春巻き … 30
キャベツとウインナーのケチャップ炒め … 31
キャベツの梅おかか炒め … 31
キャベツの塩麹漬け … 31
キャベツと油揚げの煮びたし … 31

きゅうり
たたききゅうりの塩昆布あえ … 32
きゅうりの豆板醤炒め … 32
きゅうりとわかめの酢のもの … 32
きゅうりとかにかまの ゆずこしょうマヨサラダ … 33
きゅうりの塩麹漬け … 33
きゅうりのめかぶあえ … 33
きゅうりのピクルス … 33

ゴーヤー
ゴーヤーと魚肉ソーセージのキムチ炒め … 34
ゴーヤーのしょうが煮 … 34
ゴーヤーとひき肉のカレー風味炒め … 34
ゴーヤーとちくわの梅しそごまあえ … 34

ごぼう
たたきごぼうのごまあえ … 36
ごぼうとハムのエスニックサラダ … 36
きんぴらごぼう … 36
ごぼうのかき揚げ … 37
ごぼうの明太マヨサラダ … 37
ごぼうと鶏ひき肉のしょうがじょうゆ炒め … 37

小松菜
小松菜のおかかじゃこ炒め … 38
小松菜の卵とじ … 38
小松菜のナンプラー炒め … 38
小松菜とベーコンのガーリックソテー … 39
小松菜の煮びたし … 39
小松菜とかまぼこの梅あえ … 39
小松菜と桜えびの中華風豆乳スープ … 40
小松菜とたこのオイルあえ … 40
小松菜と切り干し大根のごま酢あえ … 40

さつまいも
さつまいもとレーズンのサラダ … 41
さつまいもとひじき、さつま揚げの煮もの … 41
さつまいもの赤じそあえ … 41
さつまいもの大学いも風 … 41

里いも
里いもとソーセージのオイスター炒め … 42
里いものごまみそあえ … 42
里いもとハムのグラタン風 … 42
里いもの白煮 … 43
里いもとツナの梅マヨサラダ … 43
里いものぺったんこ焼き … 43
里いもとこんにゃくの煮っころがし … 43

さやいんげん
さやいんげんのしょうゆ煮 … 44
さやいんげんとコーンのバター炒め … 44
さやいんげんの赤じそ炒め … 44
さやいんげんのベーコン巻き焼き … 45
さやいんげんの粒マスタードあえ … 45
さやいんげんのたらこ炒め … 45

じゃがいも
ジャーマンポテト … 46
ポテトのチーズ焼き … 46
じゃがいもの黒ごまあえ … 47
じゃがいもとゆで卵のマスタードサラダ … 47
じゃがいものバターじょうゆきんぴら … 47
じゃがいもの塩辛バターのせ … 47
マッシュポテト … 48
フライドポテト&ベーコンの タルタルソース添え … 48
タラモサラダ … 48
じゃがいもの梅じゃこあえ … 48
じゃがいものコチュジャン煮 … 49
じゃがいものガーリックパセリ炒め … 49
じゃがいものガレット風 … 49
じゃがいものトマト煮 … 49

気分で選ぶ副菜365 CONTENTS

春菊

- 牛肉と春菊のすき焼き風煮 … 50
- 春菊とちくわのかき揚げ … 50
- 春菊と卵のしょうが炒め … 50
- 春菊のくるみあえ … 51
- 春菊とキムチのサラダ … 51
- 春菊とはんぺんのさっと煮 … 51

ズッキーニ

- ズッキーニの素揚げ わさびじょうゆがけ … 52
- ズッキーニのトマト煮 … 52
- ズッキーニのみそチーズ焼き … 52
- ズッキーニとじゃこのしょうが炒め … 52

スナップえんどう

- スナップえんどうのからし酢みそあえ … 53
- スナップえんどうのガーリック炒め … 53
- スナップえんどうの卵とじ … 53
- スナップえんどうの明太マヨがけ … 53

セロリ

- セロリといかくんのマリネ … 54
- セロリとベーコンのスープ煮 … 54
- セロリのたらこマヨサラダ … 54
- セロリの塩昆布あえ … 55
- セロリとザーサイの中華炒め … 55
- スティックセロリのみそヨーグルトディップ … 55

大根

- 大根ステーキガリバタじょうゆ … 56
- 大根もち … 56
- レンチンふろふき大根 … 56
- 大根とわかめの中華サラダ … 57
- 大根とかにかまのマヨサラダ … 57
- 大根のしょうゆ漬け … 57
- 大根とちくわのバターしょうゆ炒め … 57
- せん切り大根と水菜のじゃこサラダ … 58
- 大根と鶏ひき肉のレンジ煮 … 58
- 大根の赤じそマリネ … 58
- ピーラー大根とにんじんのごまみそあえ … 58
- 大根のみそ照り炒め … 59
- 大根の塩麹漬け … 59
- フライド大根 … 59

たけのこ（水煮）

- たけのこのバジルオイルマリネ … 60
- たけのこの土佐煮 … 60
- たけのことウインナーのパン粉焼き … 60
- たけのこのオイスターソース炒め … 60

玉ねぎ

- オニオンスライスのおかかポン酢がけ … 62
- 玉ねぎのガリバタステーキ … 62
- オニオングラタン風スープ … 62
- 玉ねぎとハムのレモンマリネ … 62
- 玉ねぎとウインナーのナポリタン風 … 63
- 玉ねぎのカレーそぼろ煮 … 63
- オニオンスライスとツナの梅ドレッシング … 63
- 玉ねぎと桜えびの中華炒め … 63

チンゲン菜

- チンゲン菜とパプリカの中華炒め … 64
- チンゲン菜のマヨポン炒め … 64
- チンゲン菜の梅あえ … 64
- チンゲン菜とハムのクリーム煮 … 64
- チンゲン菜とトマトの中華サラダ … 65
- チンゲン菜と鶏ひき肉の塩麹炒め … 65

豆苗

- 豆苗のスクランブルエッグ … 66
- 豆苗とえのきのポン酢しょうゆあえ … 66
- 豆苗と厚揚げのチャンプルー … 66
- 豆苗と桜えびのさっと煮 … 66

トマト・ミニトマト

- 丸ごとトマトのおひたし … 68
- トマトとひき肉のナンプラー炒め … 68
- トマトと豆腐のもずく合わせ … 68
- トマトカップのひき肉詰め … 69
- カプレーゼ … 69
- トマト卵炒め … 69
- トマトのハニーマスタードドレッシング … 69
- ミニトマトのツナマヨサラダ … 70

8

トマト

- トマトの中華あえ — 70
- トマトとうずら卵のミモザ風サラダ — 70
- ミニトマトとねぎの和風サラダ — 71
- レンチンラタトゥイユ — 71
- ミニトマトときゅうりのピクルス — 71
- トマトとえびのタイ風春雨サラダ — 71

長いも

- 長いものバターじょうゆ焼き — 72
- 長いものたらこあえ — 72
- 長いもの磯辺焼き風 — 72
- 長いものひき肉炒め — 73
- せん切り長いものおかかポン酢がけ — 73
- 長いもとベーコンの和風煮 — 73

長ねぎ

- 長ねぎとたこのからし酢みそあえ — 74
- 長ねぎと魚肉ソーセージのソース炒め — 74
- 焼きねぎのめんつゆびたし — 74
- 長ねぎとツナのナムル — 74

なす

- レンチンなすの明太マヨネーズあえ — 76
- なすとベーコンのトマト炒め — 76
- なすのみそ田楽 — 76
- 焼きなすのねぎ塩だれ — 77
- なすのマスタードドレッシングマリネ — 77
- なすの天ぷら — 77
- なすのチーズ焼き — 77
- なすの梅ごまあえ — 78
- なすの甘みそ炒め — 78
- なすの冷や汁風 — 78
- なすと桜えびの煮びたし — 78
- なすのしそ風味浅漬け — 79
- なすの中華風ねぎだれ漬け — 79
- なすと丸ごとピーマンの煮もの — 79

にら

- にらとたこのキムチあえ — 80
- にらともやしの豆板醬炒め — 80
- にらとトマトのカレー風味スープ — 80
- にらとささ身のごま酢あえ — 81
- にらと油揚げの卵とじ — 81
- にらとひき肉の春巻き — 81

にんじん

- にんじんの白あえ — 82
- にんじんの明太子炒め — 82
- にんじん入り卵焼き — 82
- にんじんとひじきのくるみマヨあえ — 83
- にんじんグラッセ — 83
- キャロットラペ — 83
- にんじんのごまあえ — 83
- にんじんとしらすの和風マリネ — 84
- にんじんとさつま揚げのしょうがじょうゆ炒め — 84
- にんじんと大根のなます — 84
- 薄切りにんじんのカレー風味煮 — 84

白菜

- 白菜とウインナーのフライパン蒸し — 86
- 白菜入り湯豆腐 — 86
- 白菜とツナのチーズ焼き — 86
- 白菜とハムのクリーム煮 — 87
- 白菜のレモン風味浅漬け — 87
- 白菜と厚揚げの卵とじ — 87
- 白菜のしらすポン酢 — 88
- 白菜と豚ひき肉の中華炒め — 88
- 白菜のおひたし — 88
- 白菜とりんごのサラダ — 88

パプリカ

- 焼きパプリカの粒マスタードマリネ — 89
- パプリカのアンチョビマヨ焼き — 89
- パプリカとザーサイの中華風ごまあえ — 89
- パプリカのピクルス — 89

ピーマン

- ピーマンの焼きびたし — 90
- ピーマンとちくわのオイスターソース炒め — 90
- ピーマンのツナチーズ焼き — 90
- ピーマンのおかかあえ — 90
- ピーマンの丸ごと煮 — 91
- ちぎりピーマンのコチュジャン炒め — 91
- ピーマンのナムル — 91

気分で選ぶ副菜365　CONTENTS

ブロッコリー

- ブロッコリーのタルタルソースがけ … 92
- ブロッコリーとマッシュルームのブラウンソース … 92
- ブロッコリーと豆腐のレンジ蒸し … 92
- ブロッコリーとザーサイの中華あえ … 93
- ブロッコリーと厚揚げの薄味煮 … 93
- ブロッコリーとかにかまのとろみ煮 … 93
- ブロッコリーのハム巻き … 93
- わさびタルタルソース添え … 94
- ブロッコリーの白あえ … 94
- ブロッコリーの豆板醤ピカタ … 94
- ブロッコリーの塩昆布ねぎあえ … 94
- ブロッコリーと桜えびのオイスターソース炒め … 95
- ブロッコリーのマヨネーズフリッター … 95
- ブロッコリーとウインナーの　レンチンホットサラダ … 95

ほうれん草

- ほうれん草のめかぶあえ … 96
- ほうれん草とチーズのサラダ … 96
- ほうれん草と炒り卵の塩昆布あえ … 96
- ほうれん草のシーザーサラダ風 … 97
- ほうれん草としいたけの白あえ … 97
- ほうれん草とウインナーのカレーグラタン … 97
- ほうれん草のくるみみそあえ … 98
- ほうれん草とうずら卵のグラタン … 98
- ほうれん草とハムのみそマヨあえ … 98
- ほうれん草とコーンのバターソテー … 98
- ほうれん草と厚揚げのたらこあえ … 99
- ほうれん草のレンチンココット … 99
- ほうれん草とえのきのおひたし … 99

水菜

- 水菜と厚揚げのゆずこしょう炒め … 100
- 水菜とメンマの中華あえ … 100
- 水菜とひじきのあっさりサラダ … 100
- 水菜と油揚げ、じゃこの和風サラダ … 101
- 水菜とかまぼこのすまし汁 … 101
- 水菜とかにかまのごま酢あえ … 101

もやし

- ちくわのもやし詰め … 102
- もやしとピーマンのチャンプルー … 102
- もやしの刻み高菜あえ … 102
- もやしと卵のソース炒め … 103
- もやしとツナのオイスターマヨあえ … 103
- もやしとウインナーのカレー炒め … 103
- もやしとかにかまの塩昆布おかかあえ … 103
- もやしとささ身のバンバンジー風 … 104
- もやしとひき肉の豆乳スープ … 104
- もやしとにんじんのツナサラダ … 104
- もやしとねぎのチヂミ風 … 104
- もやしのベーコン巻き … 105
- もやしときゅうりの中華サラダ … 105
- もやしのナポリタン風炒め … 105
- もやしのたらこあえ … 105

レタス

- レタスのオイスターソース炒め … 106
- レタスとのりのナムル … 106
- レタスと卵のコンソメスープ … 106
- レタスのシーザーサラダ … 107
- レタスのねぎ塩だれ … 107
- レタスとわかめの酢のもの … 107

れんこん

- れんこんの和風ステーキ … 108
- れんこんとにんじんの甘酢炒め … 108
- れんこんとツナのカレーマヨサラダ … 108
- れんこんのたらこチーズ焼き … 109
- れんこんとベーコンのバターじょうゆ炒め … 109
- れんこんと油揚げのごま酢あえ … 109
- れんこんの赤じそあえ … 109

卵

- アボカドエッグ … 110
- にら玉炒め … 110
- ゆで卵のデビルドエッグ風 … 110
- もやしと卵と焼き豚の中華炒め … 111
- 玉ねぎとかにかまの卵とじ … 111
- 味つけ卵 … 111
- 桜えびと春雨のエスニック卵焼き … 111
- 薄焼き卵のハムチーズ巻き … 112

この本の表記について

調理器具&作りおきアイコン

気分に合わせて副菜を選ぶときの参考になるアイコンがすべてのレシピに付いています。

- 電子レンジを使用します。
- オーブントースターを使用します。
- フライパンを使用します。
- なべを使用します。
- 加熱なし　加熱なしで作れます。
- 10分　完成までにかかる時間の目安です。野菜を洗うなどの下処理にかかる時間は含みません。
- 作りおきが可能です。保存期間については作り方下の表記をご確認ください。

食材データ

食材ごとに基本のデータをまとめて解説しています。

旬の時期
最もおいしく、栄養価が高いとされる時期です。

注目の栄養
本書で注目する栄養成分です。

うれしい効果
含まれる栄養成分によって得られる効果の一例です。ただし、体質や個々の状況により必ずしもその効果が得られるわけではありませんのでご了承ください。

新鮮のサイン
新鮮なものを見分ける目安となるサインです。

保存法
食材が長持ちするおすすめの保存方法です。なお、保存可能日数は保存状態によって異なるため、あくまで目安としてください。

- 大さじ1＝15mℓ、小さじ1＝5mℓ、1カップ＝200mℓです。
- 電子レンジの加熱時間は、600Wのものを基準にしています。500Wの場合は加熱時間を1.2倍、700Wの場合は0.8倍を目安にしてください。
- 電子レンジやオーブントースターは、機種により、加熱具合に多少差が出ることがあります。様子を見ながら調節してください。
- 特に記載がない場合、食材を洗う、ヘタや種を取る、皮をむくなど、基本的な処理を済ませてからの手順を説明しています。
- 「だし汁」は昆布と削り節でとった和風のだし汁のことです。
- 特に断りがない場合、しょうゆは濃い口しょうゆを使用しています。みそはお好みのものを使用してください。
- カロリー・塩分は、日本食品成分表（八訂）をもとに計算しています。2～3人分のものは3人分、4～5人分のものは5人分としたときの1人あたりの数値を載せています。好みで・あればとなっている材料は含みません。
- 表示の冷蔵、冷凍の保存期間は目安です。料理を保存する時は、必ず十分に冷ましてから清潔な箸やスプーンで清潔な保存容器に詰め、しっかりと密閉して冷蔵または冷凍で保存してください。

厚揚げ・油揚げ

- スパニッシュオムレツ　112
- レンチン茶碗蒸し　112
- 厚揚げとツナ&アボカドの春巻き　113
- 油揚げの梅しそチーズ焼き　113
- 厚揚げのしそから揚げ　113
- 油揚げの宝煮　113

豆腐

- 冷ややっこトマトしょうがのせ　114
- 豆腐と枝豆とツナのポン酢あえ　114
- 豆腐ステーキまいたけハムソース　114

豆（水煮）

- 豆腐のカレー風味チャンプルー　115
- 炒り豆腐　115
- 手作りがんも　115
- ミックスビーンズとウインナーの炒めサラダ　116
- 大豆とじゃこの甘辛炒め　116
- ミックスビーンズのコロコロサラダ　116
- ミックスビーンズとミニトマトのチーズあえ　117
- ミックスビーンズのコンソメキャベツ煮　117
- 大豆のカレーポテサラ　117

COLUMN

- 食べ応え抜群！魚缶の副菜レシピ PART1　15
- 食べ応え抜群！魚缶の副菜レシピ PART2　27
- 食べ応え抜群！魚缶の副菜レシピ PART3　35
- 献立にもう1品！時短みそ汁レシピ　61
- 献立にもう1品！さっと煮スープレシピ　67
- 献立にもう1品！注ぐだけみそ汁レシピ　75
- 献立にもう1品！5分で作れるスープレシピ　85

- 栄養成分別　主材料INDEX　118
- 料理ジャンル別INDEX　123
- 副材料別INDEX　127

アスパラガス

◎旬の時期：5〜6月
◎注目の栄養：ビタミンA・C・E、ビタミンB₁・B₂
◎うれしい効果：疲労回復、抗酸化作用、老化予防
◎新鮮のサイン：穂先がしまっている、緑色が濃い
◎保存法：根元を切り、はかまを取ってからラップに包み、立てて冷蔵庫へ。2〜3日以内に使い切る。

アスパラのベーコン巻き

相性抜群！シンプルに塩味で

10分

1人分 93kcal／塩分 0.9g

材料（2人分）
アスパラガス…6本
ベーコン…3枚
オリーブ油…小さじ1
塩、粗びき黒こしょう…各少量

作り方
❶アスパラは根元側1/3の皮をピーラーでむき、3等分に切る。ラップでふんわりと包み、電子レンジで1分ほど加熱する。ベーコンは半分に切る。
❷ベーコン1切れにアスパラを3切れずつのせて巻く。巻き終わりをようじで縫うようにとめる。
❸フライパンにオリーブ油を中火で熱し、❷の巻き終わりを下にして並べる。転がしながら焼き色がつくまで焼き、塩、粗びき黒こしょうをふる。

アスパラの焼きびたし

できたてでも、翌日でもおいしい

14分

1人分 23kcal／塩分 1.5g

材料（2人分）
アスパラガス…6本
A［めんつゆ（2倍濃縮）、水…各大さじ3］
削り節…適量

作り方
❶アスパラは根元側1/3の皮をピーラーでむき、半分に切る。
❷オーブントースターの天板にアルミホイルを敷き、❶を並べ、4分ほど焼く。裏返してさらに4分ほど焼く。
❸バットにAを合わせ、❷を熱いうちにひたす。器に盛り、削り節をふる。

アスパラとウインナーのトマトスープ

ジュースで手軽にミネストローネ風

12分

1人分 207kcal／塩分 1.4g

材料（2人分）
アスパラガス…4本
玉ねぎ…1/4個
ウインナー…2本
オリーブ油…小さじ1
A［水…カップ1
　トマトジュース（無塩）…150ml
　固形コンソメ…1個］
粉チーズ…適量

作り方
❶アスパラは根元側1/3の皮をピーラーでむき、4〜5等分の斜め切りにする。玉ねぎは縦薄切りにする。ウインナーは4等分の斜め切りにする。
❷鍋にオリーブ油を中火で熱し、玉ねぎを1〜2分炒める。しんなりしたらAを加え、ふたをして煮立てる。
❸アスパラ、ウインナーを加えて2〜3分煮る。器に盛り、粉チーズをふる。

12

アスパラガス

ゆでアスパラの温玉のせ

⏱ 6分

材料(2人分)
アスパラガス…6本
温泉卵…1個
A ┃ 粉チーズ…大さじ1/2
　┃ 塩、粗びき黒こしょう
　┃ 　…各少量
　┃ オリーブ油…大さじ1

作り方
❶アスパラは根元側1/3の皮をピーラーでむく。
❷フライパンに湯を沸かし、塩適量(分量外)を加え、❶を1〜2分ゆでてざるにあげる。
❸器に盛り、温泉卵をのせ、Aを順にかける。

卵をくずして からめながらどうぞ

1人分 109kcal／塩分 0.4g

アスパラのおかか梅あえ

⏱ 8分

材料(2人分)
アスパラガス…6本
削り節…1g
梅干し…1/2〜1個

作り方
❶アスパラは根元側1/3の皮をピーラーでむき、4等分の斜め切りにする。梅干しは種を除いて包丁でたたく。
❷鍋に湯を沸かし、塩適量(分量外)を加え、アスパラを1〜2分ゆでてざるにあげる。
❸ボウルに入れ、❶の梅干し、削り節を加えてあえる。

削り節のうまみで 梅干しがマイルドに

1人分 9kcal／塩分 0.5g

アスパラのマヨネーズ焼き

⏱ 14分

材料(2人分)
アスパラガス…6本
マヨネーズ…適量
塩、粗びき黒こしょう…各少量

作り方
❶アスパラは根元側1/3の皮をピーラーでむき、3〜4等分に切る。
❷耐熱皿に薄くオリーブ油(分量外)を塗り、❶を並べて塩、マヨネーズをかける。
❸オーブントースターで8〜9分、マヨネーズに軽くこげ目がつくまで焼き、粗びき黒こしょうをふる。

じっくり焼いて 香ばしく

1人分 30kcal／塩分 0.2g

アスパラとツナのサラダ

⏱ 8分

材料(2人分)
アスパラガス…6本
ツナ缶…1/2缶(35g)
A ┃ マヨネーズ…大さじ1
　┃ レモン汁…小さじ1
　┃ 塩、こしょう…各少量

作り方
❶アスパラは根元側1/3の皮をピーラーでむき、4等分に切る。
❷鍋に湯を沸かし、塩適量(分量外)を加え、❶を1〜2分ゆでてざるにあげる。
❸ボウルに軽く缶汁をきったツナ、❷を入れ、Aを加えてあえる。

レモンの酸味が 味の引き締め役

1人分 97kcal／塩分 0.4g

アボカドとベーコンのソテー

7分

材料(2人分)
アボカド…1個
ベーコン…2枚
オリーブ油…大さじ1/2
A[水…小さじ1
　 おろしにんにく…小さじ1/4
　 塩、粗びき黒こしょう
　 …各少量]

作り方
① アボカドは8等分のくし形切りにする。ベーコンは1.5cm幅に切る。
② フライパンにオリーブ油を中火で熱し、①を入れ、アボカドの上下を返しながら炒める。
③ Aを加えてさっと炒める。

にんにくの香りでワインによく合う

1人分 213kcal／塩分 0.6g

アボカドのナムル

加熱なし　5分

材料(2人分)
アボカド…1個
A[ごま油…小さじ1
　 しょうゆ…小さじ1/3
　 こしょう、鶏ガラスープの素
　 …各少量]
焼きのり…全形1/6枚

作り方
① アボカドは1.5cm角に切る。
② ボウルに①を入れ、Aを加えてあえる。器に盛り、のりをちぎってちらす。

好みで白いりごまをふっても

1人分 161kcal／塩分 0.3g

アボカドのしらすポン酢がけ

加熱なし　5分

材料(2人分)
アボカド…1個
しらす干し…大さじ2
青じそ…3枚
ポン酢しょうゆ…適量

作り方
① アボカドは8等分のくし形切りにして器に盛る。青じそはせん切りにし、さっと水にさらして水けをしぼる。
② ①のアボカドにしらす、青じそをのせ、ポン酢しょうゆをかける。

アボカドは和風味と好相性

1人分 149kcal／塩分 0.5g

アボカドとチーズのおかかあえ

加熱なし　5分

材料(2人分)
アボカド…小1個
プロセスチーズ(カットタイプ)
　…3枚(25g)
A[削り節…2g
　 しょうゆ…小さじ2/3]

作り方
① アボカドは1.5cm角に切る。チーズは1cm四方に切る。
② ボウルに①を入れ、Aを加えてあえる。

おかかじょうゆが意外とマッチ

1人分 150kcal／塩分 0.7g

アボカド

○旬の時期：通年　○注目の栄養：ビタミンE｜鉄｜葉酸｜βカロテン｜オレイン酸　○うれしい効果：悪玉コレステロールの抑制｜美肌｜老化予防｜貧血予防・改善　○新鮮なサイン：押してみてかたすぎず、やわらかすぎない／皮が黒っぽい　○保存法：冷暗所で保存して追熟させる。カットしたものは変色防止のためレモン汁をふってラップし、冷蔵庫へ。

14

COLUMN

食べ応え抜群！ 魚缶の副菜レシピ
PART 1

長期間保存できるストック食材として欠かせない魚缶。
ここではさば缶を使ったマリネ・あえもの・サラダをご紹介します。

さば缶とミニトマトのマリネ

加熱なし／5分

レモンの酸味がきいてさわやか

材料（2～3人分）
- さば水煮缶…1缶（200g）
- 玉ねぎ…1/4個
- ミニトマト…9個
- A
  - オリーブ油…大さじ1と1/2
  - レモン汁…大さじ1/2
  - 塩、粗びき黒こしょう…各適量

作り方
1. さばは缶汁をきって軽くほぐす。玉ねぎは薄切りにして水にさらし、水けを軽くしぼる。
2. ①とミニトマトをAであえる。

1人分 194kcal ／ 塩分 0.8g

さば缶とたたききゅうりのごまあえ

加熱なし／3分

パリパリとしたきゅうりの食感が心地よい

材料（2～3人分）
- さば水煮缶…1/2缶（100g）
- きゅうり…2本
- A
  - 白すりごま…大さじ2
  - 砂糖、しょうゆ…各小さじ1/2

作り方
1. さばは缶汁をきって軽くほぐす。きゅうりはめん棒などでたたいてひと口大にする。
2. ①をAであえる。

1人分 94kcal ／ 塩分 0.5g

さば缶のポテトサラダ

10分

ピリッとからしをきかせて

材料（2～3人分）
- さば水煮缶…1缶（200g）
- じゃがいも…2個
- 玉ねぎ…1/4個
- A
  - マヨネーズ…大さじ3
  - 練りがらし…小さじ1/2
  - 酢…小さじ1
  - 塩…少量
- 粗びき黒こしょう…適量

作り方
1. じゃがいもは皮をむいて4～6等分に切ってさっと水にさらし、水けをきらずにふんわりとラップで包む。電子レンジで5分加熱し、熱いうちにつぶす。
2. 玉ねぎは薄切りにして水にさらし、水けをしぼる。
3. ①と②を合わせてAを加えて混ぜ、缶汁をきって軽くほぐしたさばを加えてあえる。器に盛り、粗びき黒こしょうをふる。

1人分 244kcal ／ 塩分 1.0g

オクラ

旬の時期：1〜2月（輸入）／6〜9月（国産）
注目の栄養：ペクチン（食物繊維）、葉酸
うれしい効果：コレステロールや糖の吸収抑制、体の発育を助ける
新鮮のサイン：うぶ毛が多い「小ぶり」、ヘタが黒ずんでいない
保存法：ポリ袋やラップに包んで冷蔵庫へ。早めに使い切る。ゆでて水けをきれば冷凍保存も可。

オクラのクミン風味炒め

クミンのエスニックな香りが食欲をそそる

⏱ 10分

材料（2人分）
- オクラ…8本
- アーモンド…8粒
- オリーブ油…大さじ1/2
- A　クミンパウダー、塩…各少量

作り方
1. オクラはガクをぐるりと包丁でむき、塩適量（分量外）をふって板ずりし、水洗いして水けを取る。アーモンドは縦半分に切る。
2. フライパンにオリーブ油を中火で熱し、①を2〜3分炒める。Aで調味する。

1人分 **62**kcal／塩分 **0.2**g

オクラのめんつゆびたし

⏱ 15分

材料（2人分）
- オクラ…8本
- A　めんつゆ（2倍濃縮）、水…各カップ1/4
- おろししょうが…小さじ1/2

作り方
1. オクラはガクをぐるりと包丁でむき、塩適量（分量外）をふって板ずりする。
2. 鍋に湯を沸かし、①を1〜2分ゆでて冷水にとり、水けをきる。
3. バットにAを合わせ、②をひたして5分以上おく。器に盛り、おろししょうがを添える。

しょうがをきかせた上品なおひたし

1人分 **29**kcal／塩分 **1.7**g

オクラの塩辛あえ

⏱ 10分

材料（2人分）
- オクラ…8本
- いかの塩辛（市販）…大さじ1〜1と1/2

作り方
1. オクラは塩適量（分量外）をふって板ずりする。
2. 鍋に湯を沸かし、①を1〜2分ゆでて冷水にとり、水けをきる。ヘタを切り落とし、4等分の斜め切りにする。
3. ボウルに②を入れ、塩辛を加えてあえる。

いかの塩辛を調味料代わりに

1人分 **22**kcal／塩分 **0.7**g

オクラ

オクラともずくのねばねばスープ

材料(2人分)

オクラ…6本
もずく…小 1パック(40〜50g)
A [水…350㎖
    鶏ガラスープの素…小さじ1]
B [ごま油、しょうゆ
    …各小さじ1/2
    こしょう…少量]

作り方

❶オクラは塩適量(分量外)をふって板ずりする。水洗いして水けを取り、ヘタを切り落とし、8㎜幅の小口切りにする。
❷鍋にAを煮立て、①、もずく、Bの順に加えて中火でひと煮する。

自然のとろみで口あたりがよいスープ

1人分 22kcal／塩分 1.0g

オクラとメンマのピリ辛あえ

材料(2人分)

オクラ…8本
メンマ(味つき)…25g
A [しょうゆ…小さじ1/3
    ラー油…少量]
長ねぎ(白い部分)…適量

作り方

❶オクラは塩適量(分量外)をふって板ずりする。メンマは1㎝幅に切る。長ねぎは繊維に沿って細くせん切りにする。
❷鍋に湯を沸かし、オクラを1〜2分ゆでて冷水にとり、水けをきる。ヘタを切り落とし、6等分の斜め切りにする。
❸ボウルに②、メンマを入れ、Aを加えてあえる。器に盛り、長ねぎをのせる。

ごはんにも、お酒のつまみにも

1人分 19kcal／塩分 0.3g

オクラ納豆

材料(2人分)

オクラ…8本
納豆…1パック(45g)
A [納豆に添付のたれ
    …1パック分
    しょうゆ…小さじ1/2]
削り節…適量

作り方

❶オクラは塩適量(分量外)をふって板ずりする。
❷鍋に湯を沸かし、①を1〜2分ゆでて冷水にとり、水けをきる。ヘタを切り落とし、5㎜幅の小口切りにする。
❸ボウルに②、納豆を入れ、Aを加えて混ぜる。器に盛り、削り節をのせる。

ねばねば食材の組み合わせで体が喜ぶ

1人分 55kcal／塩分 0.4g

軽くとろみをつけると
冷めにくく、食べやすい

1人分 90kcal／塩分 2.2g

かぶの中華風そぼろあんかけ

材料(2人分)
かぶ…3個
鶏胸ひき肉…50g
A［水…カップ1
　　オイスターソース、酒
　　　…各大さじ1
　　しょうゆ、鶏ガラスープの素
　　　…各小さじ1
　　ごま油、おろししょうが
　　　…各小さじ1/2］
片栗粉…小さじ1

作り方
❶かぶは葉を少し残して切り落とし、皮をむいて縦半分か4等分のくし形切りにする。葉の根元を竹串でしっかりと洗う。
❷鍋にAとひき肉を入れて混ぜ、①を加えてふたをし、煮立てる。かぶに竹串がすっと通るまで中火で7～8分煮る。
❸火を止め、水大さじ1で溶いた片栗粉を加える。弱火にかけ、軽く混ぜながらとろみをつける。

20分

いた皮も
一緒に炒めて食感よく

1人分 100kcal／塩分 0.5g

かぶとウインナーのペペロンチーノ風炒め

材料(2人分)
かぶ…2個
かぶの葉…2本
ウインナー…2本
オリーブ油…大さじ1/2
A［赤唐辛子(小口切り)
　　　…ひとつまみ
　　おろしにんにく…小さじ1/3］
塩、粗びき黒こしょう…各少量

作り方
❶かぶは厚めに皮をむき、縦8等分のくし形切りに、皮と葉は4cm長さに切る。ウインナーは4等分の斜め切りにする。
❷フライパンにオリーブ油を熱し、かぶ、かぶの皮、ウインナーを炒める。かぶが透き通ってきたら、A、葉を加えて炒め合わせる。塩、粗びき黒こしょうで調味する。

12分

甘酢に漬けてひと晩。
昆布も食べて

1人分 78kcal／塩分 3.1g

かぶの千枚漬け風

加熱なし
ひと晩

材料(2人分)
かぶ…3個
昆布…3cm四方1枚
A［砂糖…大さじ4
　　酢…大さじ2
　　塩…小さじ2弱
　　赤唐辛子(小口切り)
　　　…ひとつまみ］

作り方
❶かぶは皮つきのまま横に薄い輪切りにする。
❷ポリ袋にAを入れて砂糖を溶かし、①を入れる。昆布を加えて空気を抜き、口を閉じ、冷蔵庫でひと晩おく。
❸汁けをきって器にかぶを盛り、昆布を2～3mm幅に切って添える。

かぶ

◎旬の時期…3～5月、10～12月
◎注目の栄養…カルシウム・鉄(葉)・アミラーゼ
◎うれしい効果…胃腸の働き向上・免疫力向上
◎新鮮なサイン…ひげ根が少ない・葉がピンとして緑色が鮮やか
◎保存法…葉は切り落として早めに使い切る。根は新聞紙で包み、ポリ袋に入れて冷蔵庫へ。

かぶ

かぶとかにかまの玉ねぎドレッシングサラダ

かにかまのうまみがアクセントに

1人分 119kcal／塩分 0.8g

加熱なし　10分

材料(2人分)
かぶ…2個
かぶの葉…2本
かに風味かまぼこ…2本
塩…小さじ1/4
A [おろし玉ねぎ…大さじ1
　　オリーブ油…大さじ1と1/2
　　酢…小さじ1
　　塩、こしょう…各少量]

作り方
① かぶは皮つきのまま縦半分に切ってから、薄切りにする。葉は2cm長さに切る。かにかまは長さを半分に切り、軽くほぐす。
② ポリ袋にかぶと葉、塩を入れて軽くもみ、4～5分おいて水けをしぼる。
③ ボウルに②、かにかまを入れ、合わせたAを加えてあえる。

かぶとがんもどきの煮もの

シンプルでほっとする定番煮もの

1人分 159kcal／塩分 1.7g

18分

材料(2人分)
かぶ…3個
かぶの葉…3本
がんもどき…小4個
A [だし汁…カップ1
　　しょうゆ、みりん、酒…各大さじ1
　　砂糖…小さじ1]

作り方
① かぶは皮をむき、縦半分か4等分のくし形切りにする。葉は5cm長さに切る。がんもどきはざるにのせ、熱湯を回しかける。
② 鍋にA、かぶ、がんもどきを入れ、ふたをして煮立てる。弱火にし、かぶがやわらかくなるまで、7～8分煮る。葉を加え、2分ほど煮る。

かぶの塩昆布あえ

手軽なのに上品な味わいの即席漬け

1人分 19kcal／塩分 1.1g

加熱なし　10分

材料(2人分)
かぶ…2個
かぶの葉…2本
塩昆布…3g
塩…小さじ1/4

作り方
① かぶは皮つきのまま縦に薄切りにする。葉は1cm長さに切る。
② ポリ袋に①、塩を入れて軽くもみ、4～5分おいて水けをしぼる。塩昆布を加えて軽くもむ。

かぶとレモンの浅漬け

レモンのさわやかな香りをプラス

1人分 17kcal／塩分 0.8g

加熱なし　25分

材料(2人分)
かぶ…2個
かぶの葉…1～2本
レモンの輪切り…2～3枚
塩…小さじ1/4

作り方
① かぶは皮つきのまま縦半分に切ってから、5mm幅に切る。葉は2cm長さに切る。レモンはいちょう切りにする。
② ポリ袋にかぶと葉、塩を入れて軽くもむ。レモンを加えてなじませ、空気を抜いて口を閉じ、冷蔵庫で20分ほどおく。水けを軽くしぼる。

かぼちゃとツナのサラダ

材料(2人分)
- かぼちゃ…1/8個(150g)
- 玉ねぎ…1/6個
- きゅうり…1/4本
- ツナ缶…1/2缶(35g)
- 塩…少量
- A
  - マヨネーズ…大さじ1
  - プレーンヨーグルト(無糖)…大さじ1/2
  - 塩、こしょう…各少量

作り方
1. かぼちゃは2〜3cm角に切る。耐熱容器に入れて水大さじ1をふり、ふんわりとラップをかけて、電子レンジで3分ほど、竹串がすっと通るまで加熱する。
2. 玉ねぎは縦薄切りにしてラップで包み、電子レンジで20秒ほど加熱し、冷水にとって水けをしぼる。きゅうりは薄い輪切りにして塩をふってもみ、水けをしぼる。
3. ボウルに①、②、軽く缶汁をきったツナを入れ、合わせたAを加えてあえる。

ヨーグルトを加えてさっぱり味に

1人分 155kcal / 塩分 0.6g

かぼちゃとちくわの甘辛炒め

材料(2人分)
- かぼちゃ…1/8個(150g)
- ちくわ…1本
- サラダ油…大さじ1/2
- A
  - 酒…大さじ1
  - しょうゆ…大さじ1/2
  - 砂糖…小さじ1

作り方
1. かぼちゃはラップで包み、電子レンジで1分ほど加熱する。4cm長さ×8mm幅のくし形切りにする。ちくわは1cm幅の斜め切りにする。
2. フライパンにサラダ油を弱火で熱し、①を入れてふたをし、途中数回裏返しながら5分ほど焼く。
3. 合わせたAを加えてさっとからめる。

かぼちゃの甘みとちくわの塩けが合う

1人分 113kcal / 塩分 0.9g

かぼちゃのグラタン風

材料(2人分)
- かぼちゃ…1/8個(150g)
- 玉ねぎ…1/4個
- ベーコン…1枚
- バター…10g
- A
  - 牛乳…カップ1/2
  - 顆粒コンソメ…小さじ1/2
  - 塩、こしょう…各少量
- ピザ用チーズ…40g

作り方
1. かぼちゃは5mm幅のくし形切りにする。玉ねぎは縦薄切りにする。ベーコンは1.5cm幅に切る。
2. 鍋に①、かぶるくらいの水、バターを入れてふたをし、煮立てる。中火で5〜6分煮たらふたをはずし、汁けをとばす。Aを加え、木べらでかぼちゃをつぶしながら3〜4分煮る。
3. 耐熱容器にサラダ油(分量外)を薄く塗り、②を入れ、チーズをちらす。オーブントースターで焼き色がつくまで7分ほど焼く。

ほっくり熱々。クリーミーで心温まる味

1人分 219kcal / 塩分 1.4g

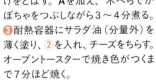

かぼちゃ

○旬の時期…11〜3月(輸入)／5〜9月(国産)　○注目の栄養…ビタミンA・C・E　○うれしい効果…老化予防／免疫力向上／血行促進　○新鮮のサイン…皮の緑色が濃い／ヘタが枯れ、周りがくぼんでいると完熟　○保存法…カットしたものは種とワタを取り除きラップして冷蔵庫へ。丸ごとなら風通しのよい場所で2か月ほどもつ。

かぼちゃ

とろみをつけると
そぼろがよくからみます

1人分 118kcal / 塩分 2.0g

かぼちゃのそぼろ煮

18分

材料(2人分)
かぼちゃ…1/8個(150g)
鶏胸ひき肉…50g
A [水…大さじ6
    めんつゆ(2倍濃縮)
    …大さじ4]
片栗粉…小さじ1

作り方
❶かぼちゃは1.5cm幅のくし形切りにし、長さを半分に切る。
❷鍋にAとひき肉を入れてほぐし、❶を広げ入れる。ふたをして煮立て、弱火にし、竹串がすっと通るまで7～8分煮る。
❸火を止め、水大さじ1で溶いた片栗粉を加え、かぼちゃがくずれないように軽く混ぜる。中火にかけ、とろみがつくまで煮る。

山椒の香りと
辛みがアクセントに

1人分 85kcal / 塩分 0.2g

焼きかぼちゃの山椒風味

10分

材料(2人分)
かぼちゃ…1/8個(150g)
サラダ油(またはオリーブ油)
　…大さじ1/2
塩、粉山椒…各少量

作り方
❶かぼちゃは8mm幅のくし形切りにする。
❷フライパンにサラダ油を弱火で熱し、❶を並べてふたをし、途中数回裏返しながら両面を6分ほど焼く。
❸器に盛り、塩、粉山椒をふる。

味しみしみの煮ものも
レンジでOK

1人分 154kcal / 塩分 2.1g

かぼちゃのレンジ煮

13分

材料(2人分)
かぼちゃ…1/4個(正味300g)
A [水…カップ1/2
    しょうゆ、砂糖
    　…各大さじ1と1/2
    塩…少量]

作り方
❶かぼちゃは3～4cm角に切る。皮をところどころそぐ。
❷耐熱ボウルにAを入れて混ぜ、❶を加え、ふんわりとラップをかけて、電子レンジで4分ほど加熱する。そっと上下を返し、さらに3～4分加熱する。

たっぷりのごまが
香ばしく、あとを引く

1人分 151kcal / 塩分 0.5g

かぼちゃの和風ごまだれサラダ

8分

材料(2人分)
かぼちゃ…1/8個(150g)
ベビーリーフ…1/2パック
A [白すりごま…大さじ1と1/2
    砂糖…小さじ1
    しょうゆ…小さじ1強
    酢…小さじ1
    サラダ油…大さじ1]

作り方
❶かぼちゃは2cm角に切る。耐熱容器に入れて水大さじ1をふり、ふんわりとラップをかけて、電子レンジで3分ほど、竹串がすっと通るまで加熱する。
❷ボウルにAを順に入れてそのつどよく混ぜる。❶を加えてあえ、ベビーリーフとともに器に盛る。

21

カリフラワー

- ◎ 旬の時期：11〜2月
- ◎ 注目の栄養：ビタミンC｜葉酸｜イソチオシアネート
- ◎ うれしい効果：抗酸化作用｜美肌｜糖質や脂質の代謝促進｜消化促進
- ◎ 新鮮なサイン：白色がきれい｜つぼみが開いていない｜茎が伸びすぎていない
- ◎ 保存法：茎に水でぬらしたキッチンペーパーを巻き、ポリ袋に入れて冷蔵庫へ。

カリフラワーとコーンのサラダ

⏱ 12分

甘みのあるコーンと相性抜群

材料（2人分）
- カリフラワー…1/3株（正味 150g）
- ホールコーン…大さじ2
- A｜マヨネーズ…大さじ1と1/2
- A｜酢…小さじ1
- A｜塩、こしょう…各少量
- ドライパセリ…少量

作り方
1. カリフラワーは小房に分ける。
2. 鍋に湯を沸かし、酢大さじ1、塩ひとつまみ（各分量外）、①を入れ、3〜4分ゆでてざるにあげる。
3. ボウルに②、コーンを入れ、Aを加えてあえる。器に盛り、パセリをふる。

1人分 93kcal／塩分 0.3g

カリフラワーのごまあえ

⏱ 10分

ごまが香ばしい和風のひと皿

材料（2人分）
- カリフラワー…1/3株（正味 150g）
- A｜白すりごま…大さじ1と1/2
- A｜しょうゆ…大さじ1/2
- A｜砂糖…小さじ1弱
- A｜塩…少量

作り方
1. カリフラワーは小房に分ける。
2. 鍋に湯を沸かし、酢大さじ1、塩ひとつまみ（各分量外）、①を入れ、3〜4分ゆでてざるにあげる。
3. ボウルに②を入れ、合わせたAを加えてあえる。

1人分 58kcal／塩分 0.8g

カリフラワーと玉ねぎのクリーム煮

⏱ 10分

まろやか味に粒マスタードのアクセント

材料（2人分）
- カリフラワー…1/3株（正味 150g）
- 玉ねぎ…1/4個
- バター…8g
- 小麦粉…大さじ1
- A｜牛乳…カップ1
- A｜水…カップ1/3
- B｜粒マスタード…小さじ1
- B｜塩、こしょう、顆粒コンソメ…各少量

作り方
1. カリフラワーは小房に分ける。玉ねぎは縦薄切りにする。
2. 鍋にバターを中火で熱し、玉ねぎを1〜2分炒める。小麦粉をふり入れてさらに炒め、カリフラワーとAを加えて煮立てる。ふたをして弱火で2〜3分煮て、Bを加えて混ぜる。

1人分 141kcal／塩分 0.7g

カリフラワー

蒸し焼きで中まで しっかり火を通して

1人分 60kcal／塩分 0.3g

カリフラワーのペペロンチーノ炒め

材料(2人分)
カリフラワー
　…1/3株(正味 150g)
にんにく(薄切り)…1かけ分
オリーブ油…小さじ2
赤唐辛子(小口切り)
　…ひとつまみ
塩、粗びき黒こしょう…各少量

作り方
❶カリフラワーは小房に分け、大きければ根元に切り込みを入れて半分にさく。
❷フライパンに❶と水カップ1/4を入れてふたをし、中火で1～2分蒸し焼きにする。ふたをはずして水けをとばす。
❸にんにく、オリーブ油、赤唐辛子を加えて炒め、塩、粗びき黒こしょうで調味する。

ほどよい酸味の 箸休め

1人分 48kcal／塩分 1.4g

カリフラワーのピクルス

材料(4人分)
カリフラワー
　…1/2株(正味 250g)
A ┌ 酢…カップ 1/2
　│ 水…カップ 1/4
　│ 砂糖…大さじ 5
　│ 塩…大さじ 1/2
　└ 赤唐辛子(種を除く)…1/2本

作り方
❶カリフラワーは小房に分ける。
❷耐熱ボウルにAを入れて混ぜ、❶を加えてふんわりとラップをかけ、電子レンジで2～3分加熱し、上下を返してさらに2分ほど加熱し、全体を混ぜる。
❸ファスナー付き保存袋に入れ、空気を抜いて口を閉じ、粗熱が取れたら冷蔵庫で2時間ほどおく。

スパイシーな味と 香りがやみつきに

1人分 61kcal／塩分 0.3g

カリフラワーのサブジ風蒸し煮

材料(2人分)
カリフラワー
　…1/3株(正味 150g)
にんにく(薄切り)…1かけ分
オリーブ油…大さじ 1/2
A ┌ カレー粉…小さじ 1/2
　│ 白ワイン(または酒)
　│ 　…大さじ 1と1/2
　└ 水…カップ 1/2
塩…少量

作り方
❶カリフラワーは小房に分け、大きければ根元に切り込みを入れて2～3等分にさく。
❷フライパンにオリーブ油、にんにくを入れて弱火にかけ、香りが立ったら❶を加え、油がなじむまで1～2分炒める。
❸Aを順に加えて軽く混ぜ、ふたをして中火で3～4分蒸し煮にする。ふたをはずして水けをとばし、塩をふる。

きのこ

- 旬の時期：9〜11月
- 注目の栄養：ビタミンB群、食物繊維
- うれしい効果：整腸作用、スタミナ増強、疲労回復
- 新鮮のサイン：かさが開き切っていない、表面が変色していない、ぬるぬるしていない
- 保存法：ポリ袋に入れて冷蔵庫へ。早めに使い切る。

ミックスきのこのにんにく炒め

数種類のきのこを組み合わせて味わいに変化を

10分

材料(2人分)
- マッシュルーム…4個
- まいたけ…1/2パック(40g)
- エリンギ…2本
- にんにく(みじん切り)…1かけ分
- オリーブ油…大さじ1
- 塩、粗びき黒こしょう…各少量

作り方
❶ マッシュルームは5mm幅に切る。まいたけは食べやすくほぐす。エリンギは長さを半分に切り、縦4〜6等分に切る。
❷ フライパンに❶のきのこを入れて中火にかけ、しんなりするまでから炒りする。水けが出たらキッチンペーパーで取り、オリーブ油、にんにくを加える。
❸ 軽く焼き色がついたら塩、粗びき黒こしょうをふる。

1人分 76kcal／塩分 0.3g

マッシュルームの粒マスタード風味サラダ

10分

材料(2人分)
- マッシュルーム…6個
- レタス、ベビーリーフなどの葉野菜…適量
- オリーブ油…大さじ1/2
- 塩…少量
- 粒マスタード…大さじ1/2
- アーモンド…5粒
- A「オリーブ油、塩(各好みで)…各適量」

作り方
❶ マッシュルームは5mm幅に切る。アーモンドは粗く刻む。葉野菜は食べやすい大きさにちぎる。
❷ フライパンにオリーブ油を中火で熱し、マッシュルームを炒める。焼き色がついたら塩、粒マスタードを加えて炒め合わせる。
❸ 器に葉野菜を敷き、❷をのせ、アーモンドをちらす。好みでAをかける。

カリカリ食感のナッツトッピングが絶妙

1人分 69kcal／塩分 0.4g

きのこのしょうゆ漬け

25分

材料(2人分)
- 好みのきのこ(しいたけ、しめじ、エリンギなど)…合わせて300g
- A「しょうゆ…大さじ1と1/2
- みりん…大さじ1/2
- ごま油…小さじ1
- 赤唐辛子(種を除く)…1/2本」

作り方
❶ しめじは食べやすくほぐす。しいたけは5mm幅に切る。エリンギは長さを半分に切り、縦4〜6等分に切る。
❷ 耐熱容器に❶を入れてふんわりとラップをかけ、電子レンジで3分30秒ほど加熱する。
❸ 水けをしっかりきり、合わせたAをからめて20分ほどおく。

たっぷり作っておけば常備菜にも

1人分 80kcal／塩分 2.0g

きのこ

マヨ入りねぎみそと
しいたけの相性抜群

1人分 95kcal／塩分 1.9g

しいたけのねぎみそ焼き

材料(2人分)

しいたけ…6枚
A ┌ 長ねぎ(みじん切り)…6cm分
　│ みそ、マヨネーズ
　└ …各大さじ1と1/2

作り方

① しいたけは軸を除く。
② Aを合わせ、①のかさの内側に詰める。
③ オーブントースターの天板にアルミホイルを敷き、②を並べ、5分ほど焼く。

10分

おろしポン酢で
さっぱりと

1人分 37kcal／塩分 0.4g

えのきのおろしあえ

材料(2人分)

えのきたけ…1パック(100g)
大根おろし…4cm分
酒…大さじ1
ポン酢しょうゆ…適量

作り方

① えのきは2〜3等分に切る。耐熱容器に入れて酒をふり、ふんわりとラップをかけて電子レンジで1分30秒ほど加熱し、汁けをきる。
② ①と軽く汁けをきった大根おろしを合わせて器に盛り、ポン酢しょうゆをかける。

7分

しょうがで体が
内側からぽかぽか

1人分 32kcal／塩分 0.7g

きのこの和風スープ

材料(2人分)

好みのきのこ(えのきたけ、
　しめじ、しいたけなど)
　…合わせて100g
だし汁…カップ2
A ┌ しょうゆ…小さじ1強
　│ みりん…小さじ1
　└ おろししょうが…小さじ1/2
片栗粉…小さじ1弱

作り方

① きのこはそれぞれ食べやすく切る。
② 鍋にだし汁を煮立て、①を入れて中火で3〜4分煮る。
③ Aで調味し、水大さじ1で溶いた片栗粉を加えてとろみをつける。

10分

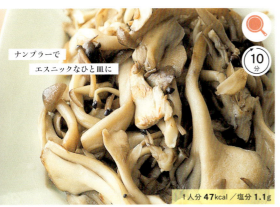

ナンプラーで
エスニックなひと皿に

1人分 47kcal／塩分 1.1g

きのこのナンプラー炒め

材料(2人分)

好みのきのこ(まいたけ、
　しめじなど)…合わせて200g
サラダ油…小さじ1
A ┌ ナンプラー…大さじ1/2
　└ 砂糖…小さじ1/2

作り方

① まいたけ、しめじは食べやすくほぐす。
② フライパンに①を入れて中火にかけ、しんなりするまでから炒りする。水けが出たらキッチンペーパーで取り、サラダ油、Aを加えてさっと炒める。

10分

25

しいたけはこんがり焼いて香ばしく

1人分 30kcal／塩分 0.4g

焼きしいたけのごまあえ

材料(2人分)

しいたけ…7〜8枚
A ┌ 白すりごま…大さじ1
　│ だし汁(または水)
　│ 　…大さじ1/2
　│ しょうゆ…小さじ1/2
　└ 塩…少量

作り方

❶ しいたけは軸を除く。
❷ オーブントースターの天板にアルミホイルを敷き、❶を並べ、5分ほど焼く。粗熱が取れたら、8mm幅に切る。
❸ ボウルに❷を入れ、Aを加えてあえる。

ワインやビールのおともにどうぞ

1人分 90kcal／塩分 0.6g

エリンギのチーズ焼き

材料(2人分)

エリンギ…2〜3本
塩、粗びき黒こしょう…各少量
オリーブ油…大さじ1/2
ピザ用チーズ…30g

作り方

❶ エリンギは縦に4〜6等分にさく。
❷ オーブントースターの天板にアルミホイルを敷き、❶を並べ、塩、オリーブ油をかける。チーズをのせる。
❸ オーブントースターで7分ほど焼き、粗びき黒こしょうをふる。

みんな大好き！
ナポリタン風

1人分 110kcal／塩分 1.2g

まいたけと魚肉ソーセージのケチャップ炒め

材料(2人分)

まいたけ…大1パック
魚肉ソーセージ…1本
オリーブ油…小さじ1
A ┌ トマトケチャップ
　│ 　…大さじ1と1/2
　└ 酒…大さじ1
ドライバジル…少量

作り方

❶ まいたけは食べやすくほぐす。魚肉ソーセージは斜め切りにする。
❷ フライパンにオリーブ油を中火で熱し、❶を炒める。
❸ まいたけがしんなりしたらAで調味する。器に盛り、バジルをふる。

うまみが溶け出たオイルにバゲットを浸しても

1人分 289kcal／塩分 1.0g

マッシュルームとたこのアヒージョ

材料(2人分)

マッシュルーム…6個
ゆでだこ…80g
A ┌ オリーブ油
　│ 　…カップ1/3〜1/2
　│ にんにく(みじん切り)
　│ 　…1かけ分
　│ 塩…小さじ1/4
　└ 粗びき黒こしょう…少量

作り方

❶ マッシュルームは大きければ半分に切る。たこは食べやすい大きさに切り、水けをしっかりとふく。
❷ 小鍋にAを入れて弱火で熱し、マッシュルームを加えて4〜5分煮る。しんなりしたらたこを加え、さらに3分ほど煮る。

―― COLUMN ――

食べ応え抜群！魚缶の副菜レシピ

PART 2

シンプルなさば水煮缶は和風はもちろん、洋風、中華風、どんな料理にも合います。
ここではさば缶を使った煮もの・炒めもの・チーズ焼きをご紹介します。

キムチ入りのピリ辛スープをたっぷりと

さば缶と豆腐の韓国風スープ煮

⏱ 8分

1人分 198kcal／塩分 1.4g

材料（2〜3人分）
さば水煮缶…1缶(200g)
絹ごし豆腐…1丁
にら…1/2束
白菜キムチ…60g
A ┌ 水…1カップ
  │ 鶏ガラスープの素…小さじ1
  │ オイスターソース…小さじ1
  └ ごま油…小さじ1/2

作り方
❶豆腐は8〜10等分に、にらは4cm長さに切る。キムチは食べやすい大きさに切る。
❷フライパンにAを入れて中火で煮立たせ、❶と軽くほぐしたさばを入れて2〜3分煮る。

よく煮汁がしみた大根は格別のおいしさ

さば缶と大根の和風煮もの

⏱ 10分

1人分 148kcal／塩分 1.7g

材料（2〜3人分）
さば水煮缶…1缶(200g)
大根…1/4本(400g)
A ┌ 水、めんつゆ（2倍濃縮）
  │ …各1/4カップ
  │ しょうが（すりおろし）
  └ …小さじ1/2

作り方
❶大根は1cm厚さのいちょう切りにする。
❷耐熱ボウルに❶とAを入れてふんわりとラップをかけ、電子レンジで約5分加熱する。
❸大根にすっと竹串が通ったら、缶汁をきったさばを加えて軽くほぐし、ふんわりとラップをかけて電子レンジでさらに2分加熱する。

チンジャオロース風の炒めもの

さば缶とピーマンのオイスターソース炒め

⏱ 7分

1人分 145kcal／塩分 1.1g

材料（2〜3人分）
さば水煮缶…1缶(200g)
ピーマン…2個
パプリカ（赤）…1/4個
ごま油…小さじ1
A ┌ 酒…大さじ1
  │ オイスターソース…小さじ2
  │ にんにく（すりおろし）
  └ …小さじ1/2

作り方
❶ピーマンとパプリカは5mm幅の細切りにする。
❷フライパンにごま油を中火で熱し、❶を2〜3分炒める。缶汁をきったさばを加えてヘラで軽くほぐしながら混ぜ、Aを加えて炒め合わせる。

調味料なしでも味がしっかり

さば缶とトマトのねぎチーズ焼き

⏱ 8分

1人分 171kcal／塩分 1.0g

材料（2〜3人分）
さば水煮缶…1缶(200g)
トマト…1/2個
長ねぎ…1/2本
ピザ用チーズ…40g

作り方
❶さばは缶汁をきる。トマトは1cm厚さの輪切りに、長ねぎは小口切りにする。
❷耐熱容器にトマト、さば、長ねぎ、チーズの順にのせ、オーブントースターでチーズが溶けるまで約4〜6分焼く。

キャベツ

旬の時期：3〜5月（春キャベツ）、11〜2月（冬キャベツ）
注目の栄養：ビタミンC／ビタミンK／ビタミンU／カルシウム
うれしい効果：美肌／抗酸化作用／骨や歯の強化／胃粘膜の保護
新鮮なサイン：切り口が変色していないもの／葉が緑色できれいなもの／春は巻きがゆるいもの／冬はしっかり巻いたもの
保存法：玉で買って芯をくりぬき、水でぬらしたキッチンペーパーを詰めて新聞紙で包み、ポリ袋に入れて冷蔵庫へ

キャベツとくるみ、チーズのサラダ

食感もよく、食べ応えのあるシンプルサラダ

加熱なし／10分
1人分 231kcal／塩分 0.6g

材料（2人分）
- キャベツ…1/5個
- くるみ…25g
- プロセスチーズ（カットタイプ）…3枚（25g）
- 塩…少量
- A
  - 酢…大さじ1
  - 砂糖…小さじ1/3
  - 塩、こしょう…各少量
  - 練りがらし…小さじ1/4
  - サラダ油…大さじ1と1/2

作り方
1. キャベツは細切りにして塩をまぶし、5分ほどおいて水けを軽くしぼる。くるみは粗く刻む。チーズは8mm四方に切る。
2. ボウルにAを順に入れてそのつど混ぜ、①を加えてあえる。

くし切りキャベツのレンチン温サラダ

大ぶりに切ったキャベツが食べ応えあり

15分
1人分 314kcal／塩分 1.1g

材料（2人分）
- キャベツ…1/3個
- ベーコン…3枚
- オリーブ油…大さじ2
- 塩、粗びき黒こしょう…各少量
- A
  - マヨネーズ…大さじ2と1/3
  - レモン汁（または酢）…小さじ1と1/2

作り方
1. キャベツは4等分のくし形切りに、ベーコンは2cm幅に切る。キャベツの葉の間に適宜ベーコンをはさみ込む。
2. ①を耐熱容器に入れ、塩、粗びき黒こしょう、オリーブ油をふりかける。ふんわりとラップをかけて電子レンジで7〜10分加熱する。
3. 器に盛り、混ぜ合わせたAをかける。

キャベツのナムル

レンジ加熱で甘みを引き出します

10分
1人分 79kcal／塩分 0.2g

材料（2人分）
- キャベツ…1/5個
- A
  - ごま油…大さじ1
  - 白いりごま…小さじ1
  - おろしにんにく…小さじ1/2
  - 塩、こしょう…各少量

作り方
1. キャベツはざく切りにし、耐熱ボウルに入れてふんわりとラップをかけ、電子レンジで1分40秒〜2分、しんなりするまで加熱する。粗熱を取り、水けを軽くしぼる。
2. Aを加えてあえる。

キャベツとささ身のねぎ塩だれ

たれには蒸し汁も加えて風味豊かに

15分
1人分 102kcal／塩分 0.5g

材料（2人分）
- キャベツ…1/5個
- 鶏ささ身…1本
- A
  - 酒…大さじ1と1/2
  - 塩、こしょう…各少量
- B
  - 長ねぎ（みじん切り）…5cm分
  - ごま油…大さじ1
  - ささ身の蒸し汁…大さじ1
  - 鶏ガラスープの素…小さじ1/2
  - 塩、おろしにんにく…各少量

作り方
1. キャベツはざく切りにして、耐熱皿に広げ、ささ身をのせ、Aをふる。ふんわりとラップをかけ、電子レンジで2〜3分加熱する。ささ身を裏返してさらに2〜3分加熱し、粗熱が取れたらささ身を軽くほぐす。耐熱容器に残った蒸し汁はとっておく。
2. 器にキャベツを盛り、ささ身をのせ、合わせたBをかける。

キャベツ

桜えびの風味と香りで味わい豊か
1人分 31kcal／塩分 1.0g

キャベツと桜えびのポン酢あえ

材料(2人分)
キャベツ…1/5個
桜えび…5g
ポン酢しょうゆ…大さじ1と1/2

作り方
① キャベツはせん切りにし、耐熱ボウルに入れてふんわりとラップをかけ、電子レンジで1分40秒〜2分加熱する。粗熱を取り、水けを軽くしぼる。
② 桜えび、ポン酢しょうゆを加えてあえる。

アンチョビがキャベツの甘みを引き出します
1人分 50kcal／塩分 0.4g

キャベツのアンチョビ炒め

材料(2人分)
キャベツ…1/5個
アンチョビ(フィレ)…2枚
おろしにんにく…小さじ1/3
オリーブ油…大さじ1/2

作り方
① キャベツはざく切りにする。アンチョビは粗く刻む。
② フライパンにオリーブ油を強めの中火で熱し、①、にんにくを入れてさっと炒め合わせる。

ほどよい酸味が体にじんわりしみる
1人分 136kcal／塩分 1.8g

ザワークラウト風キャベツとウインナーのスープ煮

材料(2人分)
キャベツ…1/5個
粗びきウインナー…4本
A ┌ 水…カップ1〜1と1/3
　├ 酢…小さじ2
　├ 固形コンソメ…1個
　└ 塩…少量
粗びき黒こしょう、
　粒マスタード…各適量

作り方
① キャベツは細切りにする。
② 鍋にA、①、ウインナーを入れ、ふたをして煮立て、弱火で10分ほど煮る。器に盛り、粗びき黒こしょうをふり、粒マスタードを添える。

キャベツの甘みが際立つ箸休め
1人分 18kcal／塩分 0.9g

キャベツの浅漬け

材料(2人分)
キャベツ…1/5個
A ┌ 塩、和風だしの素
　│　…各小さじ1/4
　└ 赤唐辛子(小口切り)
　　　…ひとつまみ

作り方
① キャベツはざく切りにし、Aとともにポリ袋に入れ、軽くもむ。
② 口をしっかりと閉じ、冷蔵庫で20分以上おく。

市販のサラダチキンを活用する時短おかず

1人分 122kcal／塩分 1.1g

キャベツとサラダチキンの塩バター炒め

材料(2人分)
キャベツ…1/4個
サラダチキン…1パック(120g)
バター…8g
塩、こしょう…各少量

作り方
❶キャベツはざく切りに、サラダチキンは5mm厚さの薄切りにする。
❷フライパンにバターを中火で熱し、❶をキャベツがしんなりするまで2～3分炒めて、塩、こしょうで調味する。

卵は半熟に仕上げてキャベツにからめて

1人分 151kcal／塩分 0.8g

巣ごもりキャベツ

材料(2人分)
キャベツ…2枚
ベーコン…1枚
卵…3個
塩、こしょう…各少量

作り方
❶キャベツはせん切りに、ベーコンは5mm幅の細切りにする。
❷耐熱容器に❶を入れて軽く混ぜ合わせ、卵を割り入れて、塩、こしょうをふる。
❸オーブントースターで5～8分加熱する。

お好み焼きとオムレツのいいとこ取り

1人分 178kcal／塩分 1.0g

キャベツのお好み焼き風オムレツ

材料(2人分)
キャベツ…1/8個
A [溶き卵…3個分
　　紅しょうが…大さじ1
　　牛乳…大さじ1
　　塩、こしょう…各少量]
サラダ油…大さじ1/2
中濃ソース、マヨネーズ、青のり、削り節…各適量

作り方
❶キャベツはせん切りにする。
❷ボウルにAを合わせ、❶を加えて混ぜる。
❸フライパンにサラダ油を中火で熱し、❷を入れて大きく混ぜる。半熟になったら折りたたみ、両面を焼く。器に盛り、ソース、マヨネーズ、青のり、削り節をかける。

チーズがとろりとした揚げたてをどうぞ

1人分 194kcal／塩分 1.0g

塩もみキャベツとチーズのカレー風味春巻き

材料(2人分)
キャベツ…1/5個
スライスチーズ…2枚
カレー粉…小さじ1/2
塩…ひとつまみ
焼きのり…全形1枚
春巻きの皮…4枚
小麦粉、サラダ油…各適量

作り方
❶キャベツはせん切りにして塩をまぶし、5分ほどおく。水けをしぼり、カレー粉をふって混ぜる。チーズは半分に切る。のりは4等分に切る。
❷春巻きの皮にのり、キャベツ、チーズの順に等分にのせて包む。巻き終わりに同量の水で溶いた小麦粉を塗ってとめる。
❸フライパンに多めのサラダ油を中火で熱し、❷を入れ、弱火にして両面がこんがりするまで揚げ焼きにする。

30

キャベツ

キャベツとウインナーのケチャップ炒め

顆粒コンソメを加えることで味が深まる

1人分 106kcal / 塩分 0.9g

7分

材料(4〜5人分)
キャベツ…1/3個
粗びきウインナー…5本
オリーブ油…大さじ1
A[トマトケチャップ…大さじ3
　　顆粒コンソメ…小さじ1/2
　　塩、こしょう…各少量]

作り方
❶キャベツはざく切りに、ウインナーは斜め切りにする。
❷フライパンにオリーブ油を中火で熱し、❶を炒める。
❸❷にAを加えて炒め合わせる。

※冷蔵で2日間、冷凍で2週間保存可能

キャベツの梅おかか炒め

炒めることで梅干しの酸味がまろやかに

1人分 40kcal / 塩分 0.9g

10分

材料(4〜5人分)
キャベツ…1/3個
サラダ油…大さじ1/2
A[梅干し…大 2〜3個
　　削り節…2g
　　しょうゆ…大さじ1/2
　　砂糖…小さじ1/2]

作り方
❶キャベツは1cm幅の細切りにして、長さを2〜3等分に切る。Aの梅干しは種を除いて刻む。
❷フライパンにサラダ油を中火で熱し、❶のキャベツを2〜3分炒め、しんなりしたらAを加えてさっと炒め合わせる。

※冷蔵で2日間、冷凍で2週間保存可能

キャベツの塩麹漬け

塩麹をもみ込むだけで絶品漬けものが完成!

1人分 21kcal / 塩分 0.6g

加熱なし
33分

材料(4〜5人分)
キャベツ…1/6個
塩麹…大さじ2

作り方
❶キャベツは2cm角程度に切り、水けがあればきる。
❷ポリ袋に❶と塩麹を入れて軽くもみ、冷蔵庫で30分以上冷やす。食べるときに水けをしぼる。

※冷蔵で2〜3日間保存可能

キャベツと油揚げの煮びたし

キャベツのやさしい甘みがほっとする味

1人分 62kcal / 塩分 1.6g

12分

材料(4〜5人分)
キャベツ…1/3個
油揚げ…1枚(50g)
A[めんつゆ(2倍濃縮)…120ml
　　水…1/2カップ]
削り節…1g

作り方
❶キャベツはざく切りにして、芯の部分は薄く切る。油揚げは、油が気になる場合は熱湯をかけて油抜きをし、縦半分に切ってから1cm幅の短冊切りにする。
❷フライパンに❶とAを入れ、キャベツがしんなりするまで中火で2〜4分煮る。保存容器に移し、削り節をふる。

※冷蔵で2日間、冷凍で2週間保存可能

31

たたいて割ることで味がよくしみます

1人分 **34**kcal／塩分 **0.4**g

たたききゅうりの塩昆布あえ

加熱なし ⏱5分

材料(2人分)
きゅうり…2本
A ┌ 塩昆布…3g
　├ ごま油…小さじ1
　└ 鶏ガラスープの素…少量

作り方
❶ポリ袋にきゅうりを入れ、めん棒などでたたいてひと口大に割る。
❷Aを加えてなじませる。

辛さは好みで調節を。
ごまをふってもおいしい

1人分 **47**kcal／塩分 **0.7**g

きゅうりの豆板醤炒め

⏱7分

材料(2人分)
きゅうり…2本
ごま油…大さじ1/2
A ┌ しょうゆ…小さじ1
　└ 豆板醤、砂糖…各小さじ1/2
焼きのり…適量

作り方
❶きゅうりは乱切りにする。
❷フライパンにごま油を中火で熱し、①を1〜2分炒め、合わせたAを加えて手早くからめる。器に盛り、のりをちぎってちらす。

やっぱりおいしい定番の組み合わせ

1人分 **24**kcal／塩分 **0.6**g

きゅうりとわかめの酢のもの

加熱なし ⏱10分

材料(2人分)
きゅうり…1本
カットわかめ(乾)…3g
塩…少量
A ┌ 酢…大さじ1
　├ 砂糖…小さじ2
　└ しょうゆ…小さじ2/3

作り方
❶きゅうりは2mm幅の輪切りにし、塩をまぶして3分ほどおき、さっと水洗いして水けをしぼる。わかめはぬるま湯につけてもどし、水けをしぼる。
❷ボウルに①を入れ、合わせたAを加えてあえる。

きゅうり

◎ 旬の時期：5〜8月
◎ 注目の栄養：カリウム／シトルリン
◎ うれしい効果：血圧降下作用／血流向上／熱中症予防
◎ 新鮮のサイン：緑色が濃く、全体にハリとツヤがある／触れると痛いほどいぼがとがっている
◎ 保存法：水けをふいて新聞紙に包み、ポリ袋に入れて立てて冷蔵庫へ。冷やしすぎに注意。

32

きゅうり

ゆずこしょうの香りと辛みが食欲をそそる

1人分 **56**kcal／塩分 **0.4**g

きゅうりとかにかまのゆずこしょうマヨサラダ

加熱なし　8分

材料(2人分)
きゅうり…1本
かに風味かまぼこ…2本
塩…少量
A ┌ マヨネーズ…大さじ1
　└ ゆずこしょう…少量

作り方
❶きゅうりはせん切りにして塩をまぶし、2〜3分おいて水けをしぼる。かにかまはほぐす。
❷ボウルに❶を入れ、Aを加えてあえる。

食感がいい
サラダ感覚のお漬けもの

1人分 **34**kcal／塩分 **2.0**g

きゅうりの塩麹漬け

加熱なし　25分

材料(2人分)
きゅうり…2本
塩麹…大さじ1と1/2

作り方
❶きゅうりは長さを3〜4等分に切り、4つ割りにする。
❷ポリ袋に❶、塩麹を入れて軽くもみ、空気を抜いて口を閉じ、冷蔵庫で20分以上おく。汁けを軽くきって器に盛る。

独特のとろみと
磯の香りをからめて

1人分 **12**kcal／塩分 **0.6**g

きゅうりのめかぶあえ

加熱なし　7分

材料(2人分)
きゅうり…1本
めかぶ…1パック
塩…少量
めんつゆ(2倍濃縮)…小さじ2

作り方
❶きゅうりは薄い輪切りにして塩をまぶし、2〜3分おいて水けをしぼる。
❷ボウルに❶を入れ、めかぶと合わせ、めんつゆを加えてあえる。

きゅうりのピクルス

2時間

材料(4人分)
きゅうり…2本
塩…少量
A ┌ 酢…カップ1/2
　│ 水…カップ1/4
　│ 砂糖…大さじ3
　│ 塩…小さじ1
　│ 赤唐辛子(種を除いてちぎる)
　│ 　…1/2本分
　│ ローリエ…2枚
　└ 黒粒こしょう…8粒

作り方
❶きゅうりは縞目に皮をむき、長さを半分に切る。塩をすり込む。
❷鍋にAを入れてひと煮立ちさせ、粗熱を取る。
❸ファスナー付き保存袋に❶、❷を入れ、空気を抜いて口を閉じ、冷蔵庫で2時間以上おく。

※冷蔵で2日間保存可能

洋風おかずのつけ合わせに。
作りおきにも

1人分 **20**kcal／塩分 **0.6**g

ゴーヤー

- 旬の時期：6〜8月
- 注目の栄養：ビタミンC／カロテン
- うれしい効果：美肌、老化予防、抗酸化作用
- 新鮮なサイン：弾力があり、いぼがしっかりしている。重みがあり、太さが均一
- 保存法：丸ごとなら新聞紙で、切ったものは種とワタを取り除いてラップで包み、冷蔵庫へ。

ゴーヤーと魚肉ソーセージのキムチ炒め

⏱12分

材料(2人分)
- ゴーヤー…1/2本(125g)
- 魚肉ソーセージ…1本
- 白菜キムチ…35g
- ごま油…大さじ1/2
- A
  - 酒…大さじ1/2
  - オイスターソース…小さじ1

作り方
❶ ゴーヤーは種とワタを取り除いて5mm幅の半月切りにし、塩少量(分量外)をまぶして軽くもみ、さっと水洗いして水けをきる。魚肉ソーセージは縦半分に切ってから5mm幅の斜め切りにする。キムチは大きければ食べやすく切る。
❷ フライパンにごま油を中火で熱し、ゴーヤーを4分ほど炒める。
❸ キムチ、魚肉ソーセージ、Aを加えて炒め合わせる。

苦みと辛みで体がシャキッ

1人分 107kcal／塩分 1.7g

ゴーヤーのしょうが煮

⏱12分

材料(2人分)
- ゴーヤー…1/2本(125g)
- A
  - だし汁…カップ2/3
  - しょうゆ、みりん…各大さじ1/2
  - 砂糖…小さじ1/2
  - しょうが(せん切り)…1/4かけ分
- 削り節…適量

作り方
❶ ゴーヤーは先端を切り落とし、種とワタをくりぬく。5mm幅の輪切りにし、塩少量(分量外)をまぶして軽くもむ。さっと水洗いして、水けをきる。
❷ 鍋にA、❶を入れて煮立て、ふたをして弱めの中火で5分ほど煮る。器に盛り、削り節をふる。

くたっと煮えたゴーヤーも美味

1人分 29kcal／塩分 0.7g

ゴーヤーとひき肉のカレー風味炒め

⏱10分

材料(2人分)
- ゴーヤー…1/2本(125g)
- 豚ひき肉…50g
- ごま油…小さじ1
- A
  - 水…大さじ1
  - しょうゆ、みりん…各小さじ1
  - おろしにんにく、カレー粉…各小さじ1/3
  - 塩、こしょう…各少量

作り方
❶ ゴーヤーは種とワタを取り除いて5mm幅の半月切りにする。塩少量(分量外)をまぶして軽くもみ、さっと水洗いして水けをきる。
❷ フライパンにごま油を中火で熱し、ひき肉を色が変わるまで炒める。❶を加えて3分ほど炒め、Aで調味する。

ゴーヤーとカレー味は相性抜群

1人分 91kcal／塩分 0.6g

ゴーヤーとちくわの梅しそごまあえ

⏱10分

材料(2人分)
- ゴーヤー…1/2本(125g)
- ちくわ…1/2本
- A
  - 梅干し…1個
  - 青じそ…2枚
  - 黒いりごま…小さじ1
  - しょうゆ…小さじ1/2

作り方
❶ ゴーヤーは種とワタを取り除いて3mm幅の半月切りにし、塩少量(分量外)をまぶして軽くもむ。鍋に湯を沸かし、10秒ほどゆでて冷水にとり、水けを軽くしぼる。ちくわは5mm幅に切る。
❷ Aの梅干しは種を除いて細かく刻む。青じそは1cm四方に切る。
❸ ボウルに❶、❷を入れ、残りのAを加えてあえる。

プチプチの黒ごまがアクセントに

1人分 24kcal／塩分 1.3g

COLUMN

食べ応え抜群！魚缶の副菜レシピ

PART 3

さまざまな種類の魚を手軽に味わえる魚缶。
ここではツナ缶とさけ缶のレシピをご紹介します。

肉じゃが風の甘辛煮もの

ツナじゃが煮

20分 | 1人分 129kcal / 塩分 1.3g

材料（2〜3人分）

ツナ缶…1缶（70g）
じゃがいも…2個
玉ねぎ…1/4個
A [水…1/2カップ
　　しょうゆ、みりん…各大さじ1
　　砂糖…小さじ1/2
　　和風だしの素…小さじ1/2]

作り方

① じゃがいもは皮をむいて4〜6等分に切ってさっと水にさらし、玉ねぎはくし形切りにしてばらばらにほぐす。
② 耐熱ボウルに①とAを入れてふんわりとラップをかけ、電子レンジで10〜15分加熱する。缶汁をきったツナを加えてさらに1分加熱し、そのまま冷まして味をしみ込ませる。

粉チーズを加えてひと工夫

きゅうりボートのツナマヨのせ

3分 | 1人分 87kcal / 塩分 0.4g

加熱なし

材料（2〜3人分）

ツナ缶…1缶（70g）
きゅうり…1本
A [マヨネーズ…小さじ2
　　粉チーズ…小さじ1
　　塩…少量]
粗びき黒こしょう…適量

作り方

① きゅうりは長さを4〜5等分にしてから縦半分に切り、器に並べる。
② ツナは缶汁をきってAと混ぜ合わせ、①の断面にのせて粗びき黒こしょうをふる。

ピリッとしたからしが全体を引き締める

さけ缶とブロッコリーのからしマヨネーズサラダ

7分 | 1人分 165kcal / 塩分 0.7g

材料（2〜3人分）

さけ水煮缶…1缶（180g）
ブロッコリー…1/3株
玉ねぎ…1/4個
A [マヨネーズ…大さじ2
　　酢…小さじ1
　　からし…小さじ1/2
　　塩、粗びき黒こしょう…各少量]

作り方

① さけは缶汁をきって軽くほぐす。ブロッコリーは小房に分けて鍋でゆでる。玉ねぎは薄切りにして水にさらし、水けをしぼる。
② ①をAであえる。

さけと相性がいいみそ＆バターで

さけ缶とキャベツのチャンチャン焼き風

10分 | 1人分 149kcal / 塩分 1.8g

材料（2〜3人分）

さけ水煮缶…1缶（180g）
キャベツ…1/8個
にんじん…1/4本
バター…5g
A [みそ…大さじ1と1/2
　　酒、みりん…各大さじ1/2
　　しょうゆ…小さじ1
　　しょうが（すりおろし）…小さじ1/2]

作り方

① キャベツはざく切りに、にんじんは短冊切りにする。
② フライパンにバターを中火で熱し、①を炒める。しんなりしてきたら、缶汁をきったさけを加えて軽くほぐし、Aを加えて炒め合わせる。

ごぼう

◎旬の時期‥11～1月／4～6月(新ごぼう)　◎注目の栄養‥食物繊維／イヌリン／ポリフェノール　◎うれしい効果‥整腸作用／血糖値の上昇抑制／老化予防　◎新鮮のサイン‥太さが均一で表面がかたく、しおれていない／切り口にすが入っていない／皮に傷がない　◎保存法‥新聞紙で包み、冷蔵庫か風通しのよい場所で保存。

たたきごぼうのごまあえ

わらかくゆでて、やさしい歯ざわりに

20分

1人分 59kcal／塩分 0.5g

材料(2人分)
ごぼう…小 1/2本(100g)
A［白すりごま…大さじ1
　砂糖…大さじ1/2
　しょうゆ、酢…各小さじ1］

作り方
❶ごぼうは6cm長さに切り、太いものは縦半分～4等分に切る。水にさっとさらして水けをきる。
❷鍋に❶を入れ、たっぷりの水を注いで煮立てる。竹串がすっと通るまで、12分ほどゆでてざるにあげる。
❸熱いうちに、めん棒で軽くたたいてボウルに入れ、合わせたAを加えてあえる。

ごぼうとハムのエスニックサラダ

15分

ごぼうの風味とナンプラーが好相性

1人分 99kcal／塩分 1.2g

材料(2人分)
ごぼう…1/3本(80g)
玉ねぎ…1/4個
ハム…1枚
A［サラダ油…大さじ1
　ナンプラー…大さじ1/2
　レモン汁…小さじ1/2］

作り方
❶ごぼうはせん切りにして水にさっとさらし、水けをきる。玉ねぎは縦薄切りにする。ハムは半分に切って細切りにする。
❷鍋にごぼうを入れ、たっぷりの水を注いで煮立て、3～4分ゆでてざるにあげる。同じ湯で玉ねぎを5秒ほどゆで、冷水にとって水けをしぼる。
❸ボウルに❷、ハムを入れ、Aを加えてあえる。

きんぴらごぼう

10分

ごぼう料理の定番。甘辛味でごはんが進む

1人分 86kcal／塩分 1.3g

材料(2人分)
ごぼう…小 1/2本(100g)
白いりごま…小さじ1
サラダ油…大さじ1/2
A［しょうゆ、砂糖…各大さじ1］

作り方
❶ごぼうは細切りにし、水にさっとさらして水けをきる。
❷フライパンにサラダ油を中火で熱し、❶を2～3分炒める。白いりごま、Aを加えてさらに2分ほど炒める。

36

ごぼう

うどんやそばにのせるのもおすすめ

1人分 328kcal／塩分 0.4g

ごぼうのかき揚げ

15分

材料(2人分)
ごぼう…1/3本(80g)
A［マヨネーズ…大さじ1
　冷水…大さじ4〜4と1/2
　小麦粉…カップ1/2］
サラダ油…適量
レモン(くし形切り)、塩…各適量

作り方
❶ごぼうは斜め薄切りにして水にさっとさらし、水けをキッチンペーパーでふく。
❷ボウルにAを順に入れてさっくりと混ぜる。❶を加えて軽く混ぜる。
❸フライパンに多めのサラダ油を弱めの中火で熱し、スプーンで❷を4〜6等分して平たく落とし入れる。上下を返しながら4〜5分揚げ焼きにする。器に盛り、レモンと塩を添える。

青じその香りをアクセントに

1人分 99kcal／塩分 0.8g

ごぼうの明太マヨサラダ

13分

材料(2人分)
ごぼう…小 1/2本(100g)
A［明太子…15g
　マヨネーズ…大さじ1と1/2
　塩…少量］
青じそ…1枚

作り方
❶ごぼうはせん切りにして水にさっとさらし、水けをきる。Aの明太子は薄皮を除いてほぐす。
❷鍋にごぼうを入れ、たっぷりの水を注いで煮立て、4分ほどゆでてざるにあげる。
❸ボウルにAを合わせ、❷を加えてあえる。器に盛り、青じそをちぎってちらす。

片栗粉をまぶして炒めると味がよくからむ

1人分 178kcal／塩分 0.9g

ごぼうと鶏ひき肉のしょうがじょうゆ炒め

15分

材料(2人分)
ごぼう…1/2本(120g)
鶏ひき肉…50g
片栗粉…適量
サラダ油…大さじ1と1/2
A［しょうゆ、砂糖…各小さじ2
　おろししょうが…小さじ1］

作り方
❶ごぼうは斜め切りにして水にさっとさらし、水けをしっかりきる。片栗粉を薄くまぶす。
❷フライパンにサラダ油を弱めの中火で熱し、❶を5分ほど炒める。ひき肉を加えて炒め合わせ、さらに3分ほど炒める。
❸余分な油をキッチンペーパーで取り、合わせたAを加えてからめる。

小松菜

◎ 旬の時期‥12〜3月
◎ 注目の栄養‥ビタミンK／鉄／カルシウム／βカロテン
◎ うれしい効果‥骨や歯の強化・老化予防・貧血予防・改善
◎ 新鮮のサイン‥葉にツヤとハリがあり、肉厚、根元がしっかりしている
◎ 保存法‥葉を湿らせて新聞紙に包み、ポリ袋に入れて立てて冷蔵庫へ。早めに使い切る。

ふりかけ風に ごはんにのせてどうぞ

1人分 73kcal／塩分 1.0g

小松菜のおかかじゃこ炒め

材料（2人分）
小松菜…小 1 束（150g）
ちりめんじゃこ…大さじ 3
ごま油…大さじ 1/2
A［ 白いりごま…小さじ 2
　　削り節…2g
　　しょうゆ…小さじ 2/3 ］

作り方
❶ 小松菜は1cm長さに切る。
❷ フライパンにごま油を中火で熱し、小松菜の茎、じゃこ、葉の順に加えてそのつどさっと炒める。
❸ Aを加えて炒め合わせる。

⏱ 6分

栄養バランスも よいひと皿

1人分 103kcal／塩分 1.9g

小松菜の卵とじ

材料（2人分）
小松菜…1/2束（100g）
卵…2個
A［ めんつゆ（2倍濃縮）、水
　　…各カップ 1/4 ］

作り方
❶ 小松菜は 4cm長さに切る。
❷ フライパンに A を煮立て、小松菜を入れてしんなりするまで中火で煮る。
❸ 溶きほぐした卵を回し入れ、ふたをして好みの加減に火を通す。

⏱ 10分

しょうゆの代わりに ナンプラーで新鮮な味わいに

1人分 41kcal／塩分 1.1g

小松菜のナンプラー炒め

材料（2人分）
小松菜…小 1 束（150g）
にんにく（みじん切り）…1/2かけ分
サラダ油…大さじ 1/2
ナンプラー…大さじ 1/2
レモン（くし形切り）…1〜2切れ

作り方
❶ 小松菜は 5cm長さに切る。
❷ フライパンにサラダ油を中火で熱し、①、にんにくをさっと炒める。ナンプラーで調味し、器に盛り、レモンを添える。

⏱ 7分

小松菜

手早く炒めて
食感よく仕上げて

1人分 62kcal／塩分 0.4g

小松菜とベーコンのガーリックソテー

材料（2人分）

小松菜…小 1 束（150g）
ベーコン…1 枚
にんにく（薄切り）…1 かけ分
オリーブ油…大さじ 1/2
塩、粗びき黒こしょう…各少量

作り方

❶小松菜は 5cm 長さに切って葉と茎に分ける。ベーコンは 1.5cm 幅に切る。
❷フライパンにオリーブ油を中火で熱し、ベーコン、小松菜の茎、にんにくを入れて 30 秒ほど炒める。葉を加えてさっと炒め合わせ、塩、粗びき黒こしょうで調味する。

油揚げとの
組み合わせはテッパン

1人分 42kcal／塩分 0.8g

小松菜の煮びたし

材料（2人分）

小松菜…小 1 束（150g）
油揚げ…1/2 枚
A ┌ だし汁…カップ 3/4
　│ しょうゆ、みりん…各大さじ 1/2
　└ 砂糖…小さじ 1/2

作り方

❶小松菜は 5cm 長さに切って葉と茎に分ける。油揚げは熱湯を回しかけ、半分に切ってから 1cm 幅に切る。
❷鍋に A を煮立て、油揚げ、小松菜の茎を入れる。再び煮立ったら葉を加え、中火で 30 秒ほど煮る。

かまぼこのうまみが
梅の酸味をマイルドに

1人分 37kcal／塩分 1.2g

小松菜とかまぼこの梅あえ

材料（2人分）

小松菜…1/2 束（100g）
かまぼこ…3〜4cm
A ┌ 梅干し（塩分約 7%）…1 個
　│ しょうゆ…小さじ 1/2
　└ 砂糖…ひとつまみ

作り方

❶鍋に湯を沸かし、小松菜を根元から入れ、1 分ほどゆでて冷水にとる。水けをしぼり、3cm 長さに切る。かまぼこは薄切りにし、さらに半分に切る。
❷A の梅干しは種を除き、包丁で細かくたたいて他の A と合わせる。
❸ボウルに ❶ を入れ、❷ を加えてあえる。

桜えびの風味がアクセントに

1人分 59kcal／塩分 1.3g

小松菜と桜えびの中華風豆乳スープ

材料(2人分)
小松菜…1/2束(100g)
桜えび…5g
A［水…カップ1
　 鶏ガラスープの素…小さじ1］
B［豆乳(無調整)…カップ3/4
　 オイスターソース…大さじ1/2
　 おろししょうが…小さじ1/2
　 こしょう…少量］
ラー油…適量

作り方
❶小松菜は4cm長さに切る。
❷鍋にAを煮立て、①、桜えびを加える。再び煮立ったらBを加えて中火で温める。器に盛り、ラー油をかける。

ワインによく合う
サラダ感覚のあえもの

1人分 97kcal／塩分 0.4g

小松菜とたこのオイルあえ

材料(2人分)
小松菜…1/2束(100g)
ゆでだこ…80g
A［オリーブ油…大さじ1
　 レモン汁…小さじ1
　 塩、粗びき黒こしょう…各少量］

作り方
❶鍋に湯を沸かし、小松菜を根元から入れ、1分ほどゆでて冷水にとる。水けをしぼり、3cm長さに切る。たこはそぎ切りにする。
❷ボウルに①を入れ、Aを加えてあえる。

ごまのコクがありつつ
酢でさっぱり

1人分 56kcal／塩分 0.4g

小松菜と切り干し大根のごま酢あえ

材料(4〜5人分)
小松菜…1束(200g)
切り干し大根…20g
ちくわ…2本
A［白すりごま…大さじ3と1/2
　 酢…大さじ1と1/2
　 砂糖…小さじ1と1/2
　 しょうゆ…小さじ1
　 塩…少量］

作り方
❶切り干し大根はぬるま湯につけてもどす。ちくわは5mm幅の輪切りにする。
❷フライパンに湯を沸かし、小松菜と①の切り干し大根を1分ゆでる。水にとって水けをしぼり5cm長さに切る。
❸①のちくわ、②をAであえる。

※冷蔵で2〜3日、冷凍で2週間保存可能
※半量で作ってもOK

40

さつまいも

さつまいもとレーズンのサラダ

18分

材料（2人分）
- さつまいも…1/2本（170g）
- レーズン…大さじ1と1/2
- 玉ねぎ…1/8個
- A「マヨネーズ…大さじ2と1/2
　　塩、こしょう…各少量」

作り方
① さつまいもは皮つきのまま1cm幅の輪切りにし、半量は皮をむく。それぞれいちょう切りにする。玉ねぎは縦薄切りにする。
② 鍋にさつまいもとたっぷりの水を入れて煮立て、中火で8分ほどやわらかくなるまでゆでてざるにあげる。同じ湯で玉ねぎを5秒ほどゆでて水にとり、水けをしぼる。
③ ボウルに②とレーズンを入れ、Aを加えてあえる。

テッパンの組み合わせ。マヨ味でシンプルに

1人分 242kcal／塩分 0.5g

さつまいもとひじき、さつま揚げの煮もの

28分

材料（2人分）
- さつまいも…1/2本（170g）
- 芽ひじき（乾）…5g
- さつま揚げ…1枚（50g）
- A「だし汁…カップ1/2
　　しょうゆ…大さじ1と1/2
　　酒、みりん、砂糖…各大さじ1」

作り方
① ひじきは水に15分ほどつけてもどし、水けをきる。さつまいもは皮つきのまま乱切りにし、水にさっとさらして水けをきる。さつま揚げは食べやすく切る。
② 鍋に①、Aを入れて煮立て、ふたをして弱火で10分ほど煮る。

ほんのりと磯の香り。やさしい味わい

1人分 200kcal／塩分 2.7g

さつまいもの赤じそあえ

14分

材料（2人分）
- さつまいも…1/2本（170g）
- 赤じそふりかけ…小さじ1/2

作り方
① さつまいもは皮をむき、1cm幅のいちょう切りにする。
② 鍋に①とたっぷりの水を入れて煮立て、中火で8分ほどやわらかくなるまでゆでてざるにあげる。
③ ボウルに入れ、赤じそふりかけをふってあえる。

ほどよい塩味と香りをまとわせて

1人分 108kcal／塩分 0.2g

さつまいもの大学いも風

11分

材料（2人分）
- さつまいも…1/2本（170g）
- サラダ油…適量
- A「砂糖…大さじ1と1/2
　　しょうゆ、水…各小さじ1/2」
- シナモンパウダー…少量

作り方
① さつまいもは皮つきのまま太さ1cm×長さ6cmほどの棒状に切り、水に1分ほどさらして水けをふく。
② フライパンに多めのサラダ油を中火で熱し、①を3〜4分、揚げ焼きにして油をきる。
③ 小さめのフライパンにAを入れて中火にかけ、ゆすりながら砂糖を溶かす。煮立ったら②を加えてからめる。シナモンパウダーをふる。

かすかなシナモンの香りが絶妙

1人分 180kcal／塩分 0.3g

- 旬の時期：9〜11月
- 注目の栄養：ビタミンC｜ビタミンE｜食物繊維｜アントシアニン
- うれしい効果：抗酸化作用｜整腸作用｜美肌｜老化予防
- 新鮮のサイン：皮がむけておらずツヤがある
- 保存法：新聞紙で包み、冷暗所へ。使いかけはラップで包んで冷蔵庫へ。早めに使い切る。

41

里いも

◎旬の時期‥9〜12月 ◎注目の栄養‥ムチン｜カリウム｜食物繊維 ◎うれしい効果‥胃腸の働き向上｜整腸作用｜血圧降下作用 ◎新鮮なサイン‥かたくて丸く太っている｜泥付きのものは皮が少し湿っている ◎保存法‥泥付きなら新聞紙に包み、湿気が少なく寒すぎない場所に常温で保存。洗ったものは早めに使い切る。

里いもとソーセージのオイスター炒め

18分 / 1人分 210kcal／塩分 1.8g

オイスターソースの
コクがあとを引く

材料（2人分）
里いも 3個…（300g）
魚肉ソーセージ…1本
ごま油…大さじ1
A ┌ 酒、オイスターソース
　│　…各大さじ1
　└ おろししょうが…小さじ1/2

作り方
❶里いもは皮をむき4mm幅の半月切りにする。魚肉ソーセージは4mm幅の斜め切りにする。
❷フライパンにごま油を弱火で熱し、里いもを並べ、ふたをして8分ほど、ときどき返しながら焼く。魚肉ソーセージを加え、2分ほど炒め合わせる。Aで調味する。

里いものごまみそあえ

15分 / 1人分 107kcal／塩分 0.6g

ごまの香ばしさが
口いっぱいに広がる

材料（2人分）
里いも…3個（300g）
A ┌ 白すりごま…大さじ1
　│ 水…大さじ1/2
　│ みそ…小さじ1
　└ 砂糖、しょうゆ…各小さじ1/2

作り方
❶里いもは水けがついたままラップで包み、電子レンジで4分ほど、上下を返してさらに4分ほど加熱する。皮をむき、8等分に切る。
❷ボウルにAを合わせ、❶を加えてあえる。

里いもとハムのグラタン風

25分 / 1人分 234kcal／塩分 1.3g

里いもならではの
なめらかな舌ざわり

材料（2人分）
里いも…3〜4個（350g）
玉ねぎ…1/6個
ハム…2枚
A ┌ 牛乳…大さじ3〜4
　└ 塩、こしょう…各少量
ピザ用チーズ…60g

作り方
❶里いもは水けがついたままラップで包み、電子レンジで4分ほど、上下を返してさらに4分ほど加熱する。皮をむき、フォークで粗くつぶす。ハムは半分に切ってから1cm幅に切る。玉ねぎは縦薄切りにしてふんわりとラップで包み、電子レンジで1分ほど加熱する。
❷ボウルに❶を入れ、Aを加えて混ぜる（牛乳は様子を見ながら少しずつ）。
❸耐熱の器にオリーブ油少量（分量外）を塗り、❷を入れ、チーズをかける。オーブントースターで7分ほど焼く。

里いも

里いもの白煮

ほんのり上品な甘さの煮もの

1人分 139kcal／塩分 1.4g

材料(2人分)
里いも…3〜4個(350g)
A［だし汁…カップ1と1/2
　みりん、酒…各大さじ1
　砂糖…小さじ2
　しょうゆ…小さじ1/2
　塩…小さじ1/3］

作り方
❶ 里いもは皮をむき半分〜4等分に切る。塩少量（分量外）をふってもみ、水洗いしてぬめりをとる。
❷ 鍋にA、❶を入れて煮立て、落としぶたとふたをして弱火にし、ときどき上下を返しながら18分ほど煮る。そのまま冷ます。

里いもとツナの梅マヨサラダ

梅干しの風味を加えた和風味

1人分 168kcal／塩分 1.2g

材料(2人分)
里いも…3個(300g)
ツナ缶(軽く缶汁をきる)
　…1/2缶(35g)
A［マヨネーズ…大さじ1
　梅干し…1個］

作り方
❶ 里いもは水けがついたままラップで包み、電子レンジで4分ほど、上下を返してさらに4分ほど加熱する。皮をむき、フォークでざっと6〜8等分に割る。
❷ Aの梅干しは種を除いて粗くつぶし、マヨネーズと混ぜる。
❸ ボウルに❶、ツナを入れ、❷を加えてあえる。

里いものぺったんこ焼き

おやつや軽食にもおすすめ

1人分 135kcal／塩分 0.9g

材料(2人分)
里いも…3個(300g)
サラダ油…大さじ1/2
A［長ねぎ(みじん切り)…5cm分
　桜えび…3g
　片栗粉…大さじ1/2
　塩…少量］
B［酒…大さじ1
　しょうゆ…大さじ1/2
　砂糖…小さじ1/2］

作り方
❶ 里いもは水けがついたままラップで包み、電子レンジで4分ほど、上下を返してさらに4分ほど加熱する。
❷ 熱いうちに皮をむき、ボウルに入れてつぶし、Aを加えて混ぜる。4等分して平たい円形にまとめる。
❸ フライパンにサラダ油を中火で熱して❷を並べ、両面にこんがり焼き色がつくまで焼く。合わせたBを加えてからめる。

里いもとこんにゃくの煮っころがし

一度冷ますと味がしみます

1人分 157kcal／塩分 1.8g

材料(2人分)
里いも…3個(300g)
こんにゃく(アク抜き済みのもの)
　…50g
ごま油…小さじ1
A［だし汁…カップ3/4
　しょうゆ…大さじ1と1/3
　みりん、酒、砂糖…各大さじ1］

作り方
❶ 里いもは皮をむき半分〜4等分に切る。塩少量（分量外）をふってもみ、水洗いしてぬめりをとる。こんにゃくはスプーンでひと口大にちぎる。
❷ 鍋にごま油と❶を入れて中火にかけ、1分ほど炒める。
❸ 油がなじんだらAを加えて煮立て、落としぶたとふたをして弱火にし、15分ほど煮る。そのまま冷ます。

さやいんげん

- ◎旬の時期：6〜9月
- ◎注目の栄養：βカロテン／食物繊維
- ◎うれしい効果：美肌／老化予防／整腸作用
- ◎新鮮のサイン：全体にかたくハリがあり先がとがっている／豆のふくらみが小さい
- ◎保存法：ポリ袋やラップに包んで冷蔵庫へ。かためにゆでれば冷凍保存可。

さやいんげんのしょうゆ煮

シンプルなしょうゆ味でいんげんの風味を堪能

8分

1人分 22kcal／塩分 0.8g

材料（2人分）
- さやいんげん…10本
- A
  - だし汁…カップ 1/3
  - しょうゆ…大さじ 1/2
  - みりん…小さじ 1

作り方
1. さやいんげんは半分に切る。
2. 鍋にAを入れて煮立て、①を入れ、中火で6分ほど煮る。

さやいんげんとコーンのバター炒め

8分

バターじょうゆ味がたまらない

1人分 49kcal／塩分 0.5g

材料（2人分）
- さやいんげん…10本
- ホールコーン…大さじ 1と1/2
- バター…8g
- A
  - しょうゆ…小さじ 1
  - 粗びき黒こしょう…少量

作り方
1. さやいんげんは4cm長さの斜め切りにする。
2. フライパンにバターを弱火で熱し、①とコーンを入れてふたをし、ときどき混ぜながら5分ほど炒める。Aで調味する。

さやいんげんの赤じそマヨあえ

赤じそふりかけがすっきり味の調味料代わりに

10分

1人分 50kcal／塩分 0.3g

材料（2人分）
- さやいんげん…10本
- A
  - マヨネーズ…大さじ 1
  - 赤じそふりかけ…小さじ 1/4

作り方
1. 鍋に湯を沸かして塩適量（分量外）を加え、さやいんげんを5分ほどゆでて冷水にとり、水けをきる。4cm長さに切る。
2. ボウルに①を入れ、Aを加えてあえる。

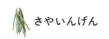
さやいんげん

仕上げのしょうゆで
ごはんに合う1品に

1人分 97kcal／塩分 0.9g

さやいんげんのベーコン巻き焼き

材料(2人分)
さやいんげん…12本
ベーコン…3枚
オリーブ油…小さじ1
しょうゆ…小さじ1/2

作り方
❶鍋に湯を沸かして塩適量（分量外）を加え、さやいんげんを5分ほどゆでて冷水にとり、水けをきる。長さを半分に切る。ベーコンは半分に切る。
❷ベーコンでさやいんげんを等分に巻き、巻き終わりをようじで縫うようにとめる。
❸フライパンにオリーブ油を中火で熱し、❷の巻き終わりを下にして入れる。転がしながら焼き、焼き色がついたらしょうゆで調味する。

粒マスタードの
軽い酸味でさっぱり味

1人分 20kcal／塩分 0.4g

さやいんげんの粒マスタードあえ

材料(2人分)
さやいんげん…10本
A ┌ 粒マスタード…大さじ1/2
  │ しょうゆ…小さじ1/2
  └ 砂糖…少量

作り方
❶鍋に湯を沸かして塩適量（分量外）を加え、さやいんげんを5分ほどゆでて冷水にとり、水けをきる。4〜5cm長さに切る。
❷ボウルに❶を入れ、合わせたAを加えてあえる。

プチプチ食感が楽しい
たらこを合わせて

1人分 45kcal／塩分 0.6g

さやいんげんのたらこ炒め

材料(2人分)
さやいんげん…10本
たらこ…20g
サラダ油…小さじ1
A ┌ 酒…大さじ1/2
  └ しょうゆ…小さじ1/4

作り方
❶さやいんげんは4cm長さの斜め切りにする。たらこは薄皮を除く。
❷フライパンにサラダ油を弱火で熱し、さやいんげんを入れてふたをし、ときどき混ぜながら6分ほど炒める。
❸たらこ、Aを加えてさっと炒め合わせる。

じゃがいも

- 旬の時期：5〜7月（新じゃが）
- 注目の栄養：ビタミンB群／ビタミンC／カリウム
- うれしい効果：抗酸化作用／美肌／皮膚や髪の健康増進／血圧降下作用
- 新鮮のサイン：皮にしわや傷がない／身がしまり重みがある／緑色の部分がなく、芽が出ていない
- 保存法：紙袋に入れるか新聞紙で包み、風通しのよい冷暗所へ。

香ばしい黒ごまをたっぷりと

1人分 92kcal／塩分 0.6g

じゃがいもの黒ごまあえ

⏱ 12分

材料（2人分）
- じゃがいも…2個
- A
  - 黒すりごま…大さじ1
  - しょうゆ…小さじ1
  - 和風だしの素…少量

作り方
1. じゃがいもは皮をむいてせん切りにし、水にさっとさらす。鍋に湯を沸かし、2分ほどゆでてざるにあげる。
2. ボウルに①を入れ、Aを加えてあえる。

キリッとこしょうをきかせてどうぞ

1人分 181kcal／塩分 0.5g

ジャーマンポテト

⏱ 15分

材料（2人分）
- じゃがいも…2個
- ウインナー…2本
- オリーブ油…大さじ1
- A
  - おろしにんにく…小さじ1/2
  - 塩、粗びき黒こしょう…各少量

作り方
1. じゃがいもは水けがついたままラップで包み、電子レンジで3分ほど、上下を返してさらに2分ほど加熱し、皮つきのまま8等分のくし形切りにする。ウインナーは4等分の斜め切りにする。
2. フライパンにオリーブ油、①を入れて中火にかけ、じゃがいもに焼き色がつくまで焼く。Aを加えて炒め合わせる。

シンプルにポテトのみで完成

1人分 184kcal／塩分 0.9g

ポテトのチーズ焼き

⏱ 20分

材料（2人分）
- じゃがいも…2個
- A
  - 牛乳…1/4カップ
  - バター…10g
  - 塩、こしょう…各少量
- ピザ用チーズ…40g
- ドライパセリ…少量

作り方
1. じゃがいもは水けがついたまま耐熱容器に入れ、1cm深さの水を加え、ふんわりとラップをかけて、電子レンジで3分ほど、上下を返してさらに3分ほど、竹串がすっと通るまで加熱する。
2. 熱いうちに皮をむいてボウルに入れ、粗くつぶす。Aを加えて混ぜる。
3. 耐熱の器に移してチーズをのせ、オーブントースターで8分ほど、こんがりするまで焼く。パセリをふる。

じゃがいも

大きめにくずして
ほくほく感を楽しんで
12分
1人分 211kcal／塩分 0.6g

じゃがいもとゆで卵のマスタードサラダ

材料(2人分)
じゃがいも…2個
ゆで卵…2個
A ┌ マヨネーズ…大さじ1と1/2
　├ 粒マスタード…小さじ1
　└ 塩、こしょう…各少量

作り方
❶じゃがいもは水けがついたまま耐熱容器に入れ、1cm深さの水を加え、ふんわりとラップをかけて、電子レンジで3分ほど、上下を返してさらに3分ほど、竹串がすっと通るまで加熱する。
❷熱いうちに皮をむいてボウルに入れ、フォークでざっくりとくずす。
❸ゆで卵を半分に切り、Aとともに❷に加えてあえる。

バターの香りに
箸が止まらない
11分
1人分 123kcal／塩分 0.7g

じゃがいものバターじょうゆきんぴら

材料(2人分)
じゃがいも…2個
オリーブ油…大さじ1/2
A ┌ しょうゆ、酒…各大さじ1/2
　└ バター…5g

作り方
❶じゃがいもは皮をむいて4mm太さに切り、水にさっとさらして水けをきる。
❷フライパンにオリーブ油を中火で熱し、①を5分ほど炒める。Aで調味する。

北海道発！
お酒が進むじゃがつまみ
10分
1人分 117kcal／塩分 0.8g

じゃがいもの塩辛バターのせ

材料(2人分)
じゃがいも…2個
バター…10g
いかの塩辛(市販)…大さじ1

作り方
❶じゃがいもは水けがついたまま耐熱容器に入れ、1cm深さの水を加え、ふんわりとラップをかけて、電子レンジで3分ほど、上下を返してさらに3分ほど、竹串がすっと通るまで加熱する。
❷熱いうちに十字の切り込みを入れて、皮を少しむいて中心を開く。バターと塩辛をのせる。

肉料理のつけ合わせにも
ぴったり
24分
1人分 115kcal／塩分 0.3g

マッシュポテト

材料(2人分)
じゃがいも…2個
A ┌ 牛乳…大さじ2
　├ バター…10g
　└ 塩…少量

作り方
❶じゃがいもは皮をむいて6等分に切る。鍋にたっぷりの湯を沸かし、竹串がすっと通るまで15分ほどゆでてざるにあげる。
❷①が熱いうちにボウルに入れてつぶし、Aを加えて混ぜる。かたければさらに牛乳(分量外)を少しずつ加え、好みのかたさに調節する。

タルタルソースは
ゆで卵だけで簡単に

1人分 255kcal／塩分 1.3g

フライドポテト＆ベーコンのタルタルソース添え

15分

材料（2人分）
じゃがいも…2個
ベーコン…3枚
揚げ油…適量
塩、粗びき黒こしょう…各少量
ゆで卵…1個
A｜マヨネーズ…大さじ1と1/2
　｜レモン汁…小さじ1
　｜塩、こしょう…各少量

作り方
❶じゃがいもは皮つきのまま6〜8等分のくし形切りにして水にさらし、水けをしっかりとふく。ベーコンは半分の長さに切る。
❷フライパンに揚げ油を中火で熱し、❶を入れる。ベーコンは火が通ったら取り出し、じゃがいもは5〜7分揚げる。油をよくきり、塩、粗びき黒こしょうをふる。
❸ポリ袋にゆで卵を入れて軽くつぶし、Aを加えて混ぜる。
❹❷を器に盛り、❸を添える。

混ぜすぎないのが
ほっくり仕上げるコツ

1人分 156kcal／塩分 0.8g

タラモサラダ

15分

材料（2人分）
じゃがいも…2個
玉ねぎ…1/4個
たらこ…25g
A｜マヨネーズ…大さじ1と1/2
　｜酢…小さじ1/2
　｜こしょう…少量

作り方
❶じゃがいもは水けがついたまま耐熱容器に入れ、1cm深さの水を加え、ふんわりとラップをかけて、電子レンジで3分ほど、上下を返してさらに3分ほど、竹串がすっと通るまで加熱する。熱いうちに皮をむいてボウルに入れ、粗くつぶす。
❷玉ねぎは縦薄切りにしてラップで包み、電子レンジで30秒ほど加熱して冷水にとり、水けをしぼる。たらこは薄皮を除く。
❸❶に❷、Aを加えてさっくりと混ぜる。

梅干しのほんのりとした
酸味が上品

1人分 79kcal／塩分 0.9g

じゃがいもの梅じゃこあえ

10分

材料（2人分）
じゃがいも…2個
ちりめんじゃこ…15g
A｜梅干し（種を除く）…1個
　｜めんつゆ（2倍濃縮）…小さじ1
削り節（好みで）…適量

作り方
❶じゃがいもは皮をむいて6〜8等分に切り、水にさらして水けをきる。
❷耐熱容器に❶を入れてふんわりとラップをかけ、電子レンジで5〜7分加熱する。
❸❷を軽くつぶし、じゃこ、Aを加え、梅肉をつぶしながら全体を混ぜる。器に盛り、好みで削り節をふる。

電子レンジでOK！
韓国風ピリ辛煮

1人分 137kcal／塩分 2.0g

じゃがいものコチュジャン煮

20分

材料（2人分）
じゃがいも…2個
玉ねぎ…1/4個
油揚げ…1/2枚
A｜水…カップ1/2
　｜コチュジャン、しょうゆ、酒
　｜　…各大さじ1
　｜砂糖…小さじ1
　｜おろしにんにく…小さじ1/2

作り方
❶じゃがいもは皮をむいて4〜6等分に切り、水にさらして水けをきる。玉ねぎは1cm幅のくし形切りにしてほぐす。油揚げは半分に切り、1.5cm幅に切る。
❷ボウルにAを合わせ、❶を入れてふんわりとラップをかけ、電子レンジで6分ほど、上下を返してさらに6分ほど、じゃがいもに竹串がすっと通るまで加熱する。

48

じゃがいも

カリッと香ばしくなるまで炒めるのがポイント

1人分 118kcal / 塩分 0.8g

じゃがいものガーリックパセリ炒め

材料（4〜5人分）
じゃがいも…3〜4個
ウインナー…3本
オリーブ油…大さじ1と1/2
A ┌ 塩…小さじ1/2
　├ にんにく（すりおろし）
　└ …小さじ1/2
ドライパセリ…適量

作り方
❶じゃがいもは皮をむいてせん切りにして2〜3分水にさらし、キッチンペーパーで水けをしっかりきる。ウインナーは4mm厚さの斜め薄切りにする。
❷フライパンにオリーブ油を中火で熱し、❶を炒める。火が通り、カリッとしてきたらAを加えて炒め合わせ、パセリをふる。

※冷蔵で2〜3日保存可能

じゃがいものでんぷんで固まる

1人分 117kcal / 塩分 0.3g

じゃがいものガレット風

材料（4〜5人分）
じゃがいも…4〜5個
バター…8g
塩、こしょう…各少量
トマトケチャップ（好みで）…適宜

作り方
❶じゃがいもは皮をむいて細いせん切りにしてボウルに入れ、塩、こしょうをふって混ぜる。
❷フライパンにバターを中火で熱し、❶を丸く広げて入れ、ヘラなどでぎゅっと押しつける。ふたをして焦げ目がつくまで5〜6分焼き、裏返してさらに5〜6分焼く。
❸冷めたら食べやすい大きさに切り分け、食べるときに好みでケチャップを添える。

※冷蔵で2〜3日保存可能

バターを入れてコク出しに

1人分 87kcal / 塩分 0.5g

じゃがいものトマト煮

材料（4〜5人分）
じゃがいも…4個
ハム…3枚
玉ねぎ…1/4個
A ┌ 水、トマト水煮缶…各 3/4カップ
　├ バター…5g
　├ 固形コンソメ…1/2個
　└ 塩、こしょう…各少量
粉チーズ…適量

作り方
❶じゃがいもは皮をむいて5mm厚さの輪切りにする。ハムは6等分の放射状に切り、玉ねぎは薄切りにする。
❷耐熱容器に❶とAを入れ、ふんわりとラップをかけて電子レンジで約10分、じゃがいもがやわらかくなるまで加熱する。粉チーズをふる。

※冷蔵で2〜3日保存可能

春菊

春菊とはんぺんのさっと煮

やさしいみそ味で さっと火を通します

1人分 75kcal／塩分 2.8g

8分

材料(2人分)
春菊…小 1 束(150g)
はんぺん…1/2 枚
A［だし汁…カップ 1 と 1/3
　みそ…大さじ 1 と 1/2
　しょうゆ、砂糖…各小さじ 1
　おろししょうが…小さじ 1/2］

作り方
❶春菊は長さを3等分に切って葉と茎に分ける。はんぺんは4等分の三角形に切る。
❷フライパンにAを合わせて煮立て、はんぺんと春菊の茎を入れてふたをし、中火で2分ほど煮る。葉を加えてさらに1分ほど煮る。

春菊とキムチのサラダ

キムチの辛みに 春菊の風味がマッチ

1人分 31kcal／塩分 0.9g

加熱なし
7分

材料(2人分)
春菊…小 1/3 束(50g)
白菜キムチ…50g
ごま油…小さじ 1
塩…少量
焼きのり…適量

作り方
❶春菊は葉を摘み、冷水につけてシャキッとしたら水けをきる。キムチは大きければ食べやすく切る。
❷器に❶を順に盛り、ごま油を回しかける。塩をふり、のりをちぎってちらす。

※茎の部分は炒めたり、みそ汁に入れたりするとよい

春菊のくるみあえ

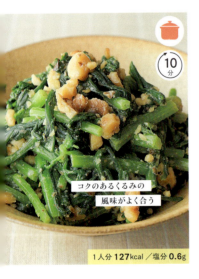

コクのあるくるみの 風味がよく合う

1人分 127kcal／塩分 0.6g

10分

材料(2人分)
春菊…小 1 束(150g)
くるみ…30g
A［しょうゆ…小さじ 1
　砂糖…小さじ 1/2］

作り方
❶鍋に湯を沸かして塩適量(分量外)を加え、春菊を根元から入れて1分ほどゆでる。冷水にとって水けをしぼり、4cm長さに切る。
❷くるみは厚手のポリ袋に入れてめん棒で細かくたたくか、包丁で刻む。
❸ボウルに❷、Aを合わせ、❶を加えてあえる。

◎旬の時期：11〜3月　◎注目の栄養：ビタミンA・C・E

◎うれしい効果：食欲増進／抗酸化作用／胃腸の働き向上

◎新鮮なサイン：香りが強い／葉がみずみずしく、緑が濃く根元まで密生している

◎保存法：湿らせて新聞紙に包んでポリ袋に入れ、冷蔵庫へ。早めに使い切る。

50

春菊

春菊と卵のしょうが炒め

7分

材料(2人分)
春菊…小1束(150g)
卵…1個
しょうが(せん切り)…1/2かけ分
サラダ油…大さじ1/2
A しょうゆ、酒…各大さじ1/2

作り方
❶春菊は6cm長さに切る。
❷フライパンにサラダ油の半量を中火で熱し、溶きほぐした卵をさっと炒めて取り出す。
❸❷のフライパンに残りのサラダ油を中火で熱し、❶、しょうがを1分ほど炒め、❷を戻し入れる。Aで調味する。

卵は別に炒めて ふんわりと仕上げて

1人分 89kcal／塩分 0.9g

春菊とちくわのかき揚げ

15分

材料(2人分)
春菊…小1/2束(75g)
ちくわ…1本
A マヨネーズ…大さじ1
　冷水…大さじ4～4と1/2
　小麦粉…カップ1/2
サラダ油…適量
塩、天つゆなど(好みで)…各適量

作り方
❶春菊は4cm長さに切り、水けをしっかりときる。ちくわは8mm幅の輪切りにする。
❷ボウルにAを順に入れてそのつど混ぜる(粉を加えたあとは混ぜすぎない)。❶を加えてさっと混ぜる。
❸フライパンにサラダ油を2cm深さほど入れて中火で熱し、❷を1/6～1/4量ずつスプーンですくって落とす。かたまってきたら弱火にし、返しながら4分ほど揚げる。好みで塩、天つゆなどを添える。

マヨネーズのおかげで カリッと揚がります

1人分 332kcal／塩分 0.5g

牛肉と春菊のすき焼き風煮

20分

材料(4～5人分)
春菊…1束(200g)
牛薄切り肉…200g
にんじん…1/3本
A 水…1/3カップ
　砂糖…大さじ1と1/2
　しょうゆ…大さじ2
　酒…大さじ1
　和風だしの素…小さじ1

作り方
❶春菊は6～7cm長さに切り、にんじんは短冊切りにする。
❷耐熱容器に牛肉と❶のにんじん、Aを入れてふんわりとラップをかけ、電子レンジで6～10分、牛肉に火が通るまで加熱する。
❸❷を端に寄せて春菊を加え、ラップをかけてさらに2～4分加熱する。

※冷蔵で2日、冷凍で2週間保存可能
※半量で作ってもOK(電子レンジの加熱時間は3～5分を目安に調整する)

春菊のほろ苦さと 甘辛い味つけがよく合う

1人分 101kcal／塩分 1.4g

ズッキーニ

- 旬の時期：6〜8月
- 注目の栄養：ビタミンC／βカロテン
- うれしい効果：抗酸化作用／老化予防／美肌／免疫力向上
- 新鮮なサイン：太さが均一でかたすぎない／ヘタの切り口がみずみずしい
- 保存法：夏はポリ袋に入れて冷蔵庫へ。冷やしすぎに注意。夏以外は新聞紙に包んで冷暗所へ。

和風の味つけもよく合います

1人分 68kcal／塩分 1.2g

ズッキーニとじゃこのしょうが炒め

⏱ 8分

材料（2人分）
- ズッキーニ…小 1本（180g）
- ちりめんじゃこ…大さじ 1と 1/2
- サラダ油…大さじ 1/2
- A
  - 塩麹…大さじ 1/2
  - 酒…大さじ 1
  - しょうゆ、おろししょうが…各小さじ 1/2

作り方
❶ ズッキーニは長さを3〜4等分に切り、縦半分に切ってから縦4mm幅に切る。
❷ フライパンにサラダ油を中火で熱し、❶を3分ほど炒める。じゃこを加えて炒め合わせ、Aで調味する。

ひと口サイズのおつまみ風おかず

1人分 73kcal／塩分 1.2g

ズッキーニのみそチーズ焼き

⏱ 15分

材料（2人分）
- ズッキーニ…小 1本（180g）
- みそ…小さじ 2
- ピザ用チーズ…30〜40g
- 七味唐辛子…少量

作り方
❶ ズッキーニは1cm幅の輪切りにし、アルミホイルを敷いたオーブントースターの天板に並べる。
❷ みそを薄く塗り、チーズをのせ、オーブントースターで10分ほど、焼き色がつくまで焼く。七味唐辛子をふる。

シンプルなラタトゥイユ風

1人分 71kcal／塩分 0.6g

ズッキーニのトマト煮

⏱ 16分

材料（2人分）
- ズッキーニ…小 1本（180g）
- 玉ねぎ…1/6個
- にんにく（みじん切り）…1かけ分
- オリーブ油…大さじ 1/2
- A
  - トマトジュース…カップ 1
  - 顆粒コンソメ…小さじ 1/2
  - 塩、こしょう、ドライバジル…各少量

作り方
❶ ズッキーニは5mm幅の輪切りにする。玉ねぎは薄切りにする。
❷ 鍋にオリーブ油を中火で熱し、❶とにんにくを2分ほど炒める。
❸ Aを加えて煮立て、ふたをして弱火にし、10分ほど煮る。

さっと揚げると甘みが凝縮

1人分 31kcal／塩分 0.7g

ズッキーニの素揚げ わさびじょうゆがけ

⏱ 7分

材料（2人分）
- ズッキーニ…1/2本（100g）
- サラダ油…適量
- A
  - しょうゆ…大さじ 1/2
  - 練りわさび…小さじ 1/4

作り方
❶ ズッキーニは1.5cm幅の輪切りにする。
❷ フライパンに多めのサラダ油を中火で熱し、水けをしっかりふいた❶を入れ、ときどき返しながら揚げ焼きにして油をきる。
❸ 器に盛り、合わせたAをかける。

好相性のマヨネーズを ピリ辛に

1人分 70kcal／塩分 0.7g

スナップえんどうの明太マヨがけ

材料（2人分）
スナップえんどう…8本
A ┌ 明太子（薄皮を除く）…15g
　├ マヨネーズ…大さじ1
　├ 牛乳…小さじ1/2
　└ しょうゆ…小さじ1/4

作り方
① スナップえんどうは筋を取る。
② 鍋に湯を沸かして塩適量（分量外）を加え、①を3分ほどゆでてざるにあげる。
③ 器に盛り、合わせたAをかける。

めんつゆを使って お手軽に

1人分 118kcal／塩分 1.9g

スナップえんどうの卵とじ

材料（2人分）
スナップえんどう…8本
卵…2個
A ┌ めんつゆ（2倍濃縮）、水…各カップ1/4
　└ 砂糖…小さじ1/2

作り方
① スナップえんどうは筋を取り、3〜4等分の斜め切りにする。
② 直径20cmほどのフライパンにAを煮立て、①を入れて中火で2分ほど煮る。
③ 溶きほぐした卵を回し入れ、ふたをして好みの加減に火を通す。

蒸し炒めにして 甘みを引き出します

1人分 52kcal／塩分 0.3g

スナップえんどうのガーリック炒め

材料（2人分）
スナップえんどう…10本
オリーブ油…大さじ1/2
A ┌ おろしにんにく…小さじ1/2
　└ 塩、粗びき黒こしょう…各少量

作り方
① スナップえんどうは筋を取る。
② フライパンにオリーブ油を弱火で熱し、①を入れ、ふたをしてときどき混ぜながら5〜6分炒める。Aを加えてさっと炒める。

からしが味の 引き締め役に

1人分 49kcal／塩分 1.2g

スナップえんどうのからし酢みそあえ

材料（2人分）
スナップえんどう…10本
A ┌ みそ…大さじ1
　├ 酢…大さじ1/2
　├ 砂糖…小さじ1
　└ 練りがらし…小さじ1/4

作り方
① スナップえんどうは筋を取る。
② 鍋に湯を沸かして塩適量（分量外）を加え、①を3分ほどゆでてざるにあげ、斜め半分に切る。
③ ボウルにAを合わせ、②を加えてあえる。

スナップえんどう

◎旬の時期‥4〜5月　◎注目の栄養‥ビタミンC、食物繊維　◎うれしい効果‥美肌、老化予防、整腸作用　◎新鮮なサイン‥豆の形が目立たず薄い、濃い緑色でハリがある、ひげが白っぽくピンとしている　◎保存法‥ポリ袋に入れて冷蔵庫へ。新鮮なうちに塩ゆでして冷凍庫へ。

セロリ

○旬の時期：11〜4月　○注目の栄養：フラボノイド（ポリフェノール）ピラジン
○うれしい効果：抗酸化作用／血液サラサラ
○新鮮のサイン：茎が盛り上がっている／根の切り口がきれいで白い
○保存法：葉は切り落として早めに使い切る。茎は新聞紙で包み、ポリ袋に入れて冷蔵庫へ。

セロリといかくんのマリネ

おつまみいかくんの
うまみが絶妙

加熱なし　5分

1人分 96kcal／塩分 1.3g

材料（2人分）
セロリ…1本
いかのくん製（市販）…35g
A [オリーブ油…大さじ1
　　酢…小さじ1
　　フレンチマスタード…小さじ1/2
　　塩、こしょう…各少量]

作り方
❶セロリは斜め薄切りにする。葉は適量をざく切りにする。
❷ボウルにAを合わせ、①、いかのくん製を加えてあえる。

セロリとベーコンのスープ煮

すっとする香りの
スープごとどうぞ

10分

1人分 29kcal／塩分 0.8g

材料（2人分）
セロリ…1本
ベーコン…1枚
A [水…カップ2/3
　　固形コンソメ…1/2個]

作り方
❶セロリは縦半分に切って斜め薄切りに、葉は適量をざく切りにする。ベーコンは1cm幅に切る。
❷鍋にAと①を入れて煮立て、中火で5分ほど煮る。

セロリのたらこマヨサラダ

太めのせん切りで
食感を楽しんで

加熱なし　10分

1人分 41kcal／塩分 0.5g

材料（2人分）
セロリ…1本
塩…少量
A [たらこ（薄皮を除く）…15g
　　マヨネーズ…小さじ2
　　こしょう…少量]

作り方
❶セロリは筋を取り、太めのせん切りにする。塩をまぶして軽くもみ、2分ほどおいて水けをしぼる。
❷ボウルにAを合わせ、①を加えてあえる。

セロリ

セロリの塩昆布あえ

材料(2人分)
セロリ…1本
塩昆布…5g
おろししょうが…小さじ1/3

作り方
❶セロリは斜め薄切りにする。
❷ポリ袋に❶、塩昆布、しょうがを入れて軽くもみ、冷蔵庫で20分ほどおいて水けをしぼる。

塩昆布のうまみと塩けが調味料代わりに

1人分 9kcal／塩分 0.5g

セロリとザーサイの中華炒め

材料(2人分)
セロリ…1本
ザーサイ(味つき)…25g
ごま油…適量
しょうゆ…少量

作り方
❶セロリは、3〜4mm幅の斜め薄切りにする。葉は適量をざく切りにする。ザーサイは粗く刻む。
❷フライパンにごま油を中火で熱し、セロリの葉以外の❶を3分ほど炒める。葉を加えて炒め合わせ、しょうゆで調味する。

しんなり炒めたセロリも絶品

1人分 32kcal／塩分 1.9g

スティックセロリのみそヨーグルトディップ

材料(2人分)
セロリ…1本
A［みそ、プレーンヨーグルト(無糖)…各小さじ2］

作り方
❶セロリは筋を取り、10cm長さに切る。太い部分は縦2〜3等分に切る。
❷器に盛り、合わせたAを添える。

みそとヨーグルトが意外な好相性

1人分 18kcal／塩分 0.8g

大根

◎旬の時期…6〜8月（夏大根）／11〜3月（秋冬大根）　◎注目の栄養…イソチオシアネート／アミラーゼ　◎うれしい効果…消化促進／胃腸の働き向上　◎新鮮のサイン…表面にハリがあり、かたくてずっしりと重い、たたくとコンコンと澄んだ音がする　◎保存法…葉は切り落として早めに使い切る。根はラップでぴったり包み、切り口を上にして立てて冷蔵庫へ。

こんがりジューシーに
レンチンしてから焼いて

1人分 67kcal／塩分 0.9g

大根ステーキガリバタじょうゆ

材料（2人分）
- 大根…6cm
- 小麦粉…適量
- オリーブ油…小さじ1
- A
  - 酒…大さじ1
  - しょうゆ…小さじ2
  - バター…5g
  - おろしにんにく…小さじ1/2
- 細ねぎ（小口切り）…少量

作り方
① 大根は1.5cm幅の輪切りにして、片面に十字の切り込みを入れる。
② 耐熱皿に切り込みを上にして並べ、ふんわりとラップをかけ、電子レンジで3分ほど、上下を返してさらに3分ほど、竹串がすっと通るまで加熱する。水けをふいて小麦粉を薄くまぶす。
③ フライパンにオリーブ油を中火で熱し、②の両面をこんがりと焼く。Aを加えてからめ、器に盛り、細ねぎをふる。

もちもち食感の
おつまみ点心

1人分 149kcal／塩分 0.7g

大根もち

材料（2人分）
- 大根…1/6本（正味150g）
- 桜えび…3g
- 細ねぎ（小口切り）…1本分
- A
  - 小麦粉、片栗粉…各30g
  - 塩…少量
- ごま油…大さじ1/2
- 酢、しょうゆ…各適量

※細ねぎのかわりに大根の葉でもOK

作り方
① 大根は粗めのおろし金ですりおろし、軽く汁けをしぼる（汁はとっておく）。
② ボウルに①、桜えび、細ねぎ、Aを入れてよく混ぜ、成形できるくらいのかたさに小麦粉（分量外）や①の汁で調節する。4等分して厚さ1cmほどの円形に成形する。
③ フライパンにごま油を中火で熱し、②を並べ、アルミホイルをかぶせて3分ほど焼いて裏返し、同様に3分ほど焼く。酢じょうゆを添える。

レンジでOK。
大根を堪能するならこの1品

1人分 48kcal／塩分 1.5g

レンチンふろふき大根

材料（2人分）
- 大根…1/4本
- A
  - だし汁…カップ1/3
  - 塩…小さじ1/4
- B
  - みそ…大さじ1
  - 水、砂糖…各大さじ1/2
  - みりん…小さじ1/2

作り方
① 大根は1.5cm幅の輪切りにし、片面に十字の切り込みを入れる。耐熱皿に切り込みを上にして並べ、ふんわりとラップをかけ、電子レンジで3分ほど、上下を返してさらに3分ほど、竹串がすっと通るまで加熱する。
② Aを加えてさらに2分ほど加熱し、そのまま冷ます。
③ 小さめの耐熱ボウルにBを合わせ、ラップをかけずに電子レンジで1分30秒ほど加熱して混ぜる。温め直した②にかける。

56

大根

塩もみでかさを減らして
たっぷり食べて

1人分 85kcal／塩分 0.9g

大根とわかめの中華サラダ

加熱なし　15分

材料（2人分）
大根…1/6本
カットわかめ（乾）…2g
塩…少量
A［ごま油、酢…各小さじ2
　サラダ油、しょうゆ
　　…各大さじ1/2
　白いりごま…小さじ1
　砂糖…小さじ1/3］

作り方
❶わかめは水に5分ほどつけてもどし、水けをしぼる。
❷大根はせん切りにし、塩をまぶして5分おき、しんなりしたら水けをしぼる。
❸ボウルにAを合わせ、①、②を加えてあえる。

かにかまのうまみで
ぐっと味わいアップ

1人分 62kcal／塩分 0.6g

大根とかにかまのマヨサラダ

加熱なし　10分

材料（2人分）
大根…1/6本
かに風味かまぼこ…2本
塩…少量
A［マヨネーズ…大さじ1
　レモン汁…小さじ1/2
　塩、こしょう…各少量］

作り方
❶大根はせん切りにし、塩をまぶして5分ほどおき、水けをしぼる。かにかまはほぐす。
❷ボウルに①を入れ、Aを加えてあえる。

ポリポリと
軽快な食感の箸休め

1人分 44kcal／塩分 1.0g

大根のしょうゆ漬け

加熱なし　1時間

材料（2人分）
大根…1/6本
塩…少量
A［酢…大さじ2
　砂糖…大さじ1と1/3
　しょうゆ…小さじ2
　赤唐辛子（小口切り）
　　…ひとつまみ］

作り方
❶大根は太さ1cm、長さ5cmの棒状に切る。
❷ポリ袋に①、塩を入れて軽くもみ、水けが出たら軽くしぼる。Aを加えてもみ混ぜ、冷蔵庫で1時間以上漬ける。

バターの香りが
食欲を刺激する

1人分 78kcal／塩分 1.0g

大根とちくわのバターしょうゆ炒め

10分

材料（2人分）
大根…1/4本
ちくわ…1本
オリーブ油…大さじ1/2
A［バター…5g
　にんにく（すりおろし）
　　…小さじ1/2
　しょうゆ…大さじ1/2
　砂糖…小さじ1/2］

作り方
❶大根は3～4mm厚さのいちょう切りに、ちくわは5mm厚さの輪切りにする。
❷フライパンにオリーブ油を中火で熱し、①を大根がしんなりするまで4～5分炒める。
❸②にAを加えて炒め合わせる。

せん切り大根と水菜のじゃこサラダ

材料(2人分)
- 大根…1/6本
- 水菜…1株
- ちりめんじゃこ…大さじ2
- A
  - サラダ油…大さじ1
  - ごま油…大さじ1/2
  - 酢…大さじ2/3
  - しょうゆ、砂糖…各小さじ1/2
  - 塩…少量
- 焼きのり(好みで)…適量

作り方
1. 大根はせん切りに、水菜は6cm長さに切って混ぜ合わせる。器に盛って、じゃこをのせる。
2. 混ぜ合わせたAを①にかけ、好みでちぎったのりをちらす。

1人分 108kcal／塩分 0.7g

大根と鶏ひき肉のレンジ煮

材料(2人分)
- 大根…1/4本
- 鶏ひき肉…50g
- A
  - だし汁…カップ1/2
  - しょうゆ…大さじ1
  - 砂糖…小さじ2
  - 酒、みりん…各大さじ1/2
  - おろししょうが…小さじ1/2

作り方
1. 大根は1cm幅のいちょう切りにする。
2. 耐熱ボウルにA、ひき肉を入れて混ぜ、①を入れる。ふんわりとラップをかけて電子レンジで6分ほど加熱し、上下を返し、さらに6分加熱する。そのまま冷ます。

1人分 96kcal／塩分 1.4g

大根の赤じそマリネ

材料(2人分)
- 大根…1/6本
- A
  - オリーブ油…大さじ1
  - 赤じそふりかけ…小さじ1/2

作り方
1. 大根は2～3mm幅のいちょう切りにする。
2. ポリ袋に①、Aを入れて軽くもみ、冷蔵庫で10分以上おく。

1人分 67kcal／塩分 0.3g

ピーラー大根とにんじんのごまみそあえ

材料(2人分)
- 大根…1/4本
- にんじん…1/6本
- A
  - みそ、白すりごま…各大さじ1
  - 砂糖…小さじ1
  - しょうゆ…小さじ1/2

作り方
1. 大根とにんじんはピーラーでリボン状の薄切りにする。
2. ①を耐熱容器に入れ、ふんわりとラップをかけて電子レンジで1分加熱する。
3. ②をAであえ、汁けをきって盛りつける。

1人分 61kcal／塩分 1.4g

大根

大根のみそ照り炒め

おかずにも、おつまみにもぴったり

1人分 84kcal／塩分 1.6g

10分

材料（2人分）
大根…1/4本
ホールコーン…大さじ2
ごま油…大さじ1/2
A ┌ みそ…大さじ1
　│ 砂糖…大さじ1/2
　│ しょうゆ…小さじ1
　└ 白いりごま…小さじ1/2
長ねぎ（白い部分・小口切り）
　…適量

作り方
❶大根は食べやすい大きさの短冊切りにする。
❷フライパンにごま油を中火で熱し、❶をしんなりするまで炒める。コーンとAを加えて炒め合わせ、器に盛って長ねぎをちらす。

大根の塩麹漬け

混ぜて漬けるだけの簡単漬けもの

1人分 19kcal／塩分 1.1g

加熱なし
2時間

材料（4～5人分）
大根…1/4本
塩麹…大さじ2
砂糖…小さじ1
和風だしの素…小さじ1/4

作り方
❶大根は5mm厚さのいちょう切りにする。
❷ポリ袋にすべての材料を入れて軽くもみ、冷蔵庫で2時間以上漬ける。食べるときは、水けをしぼって盛りつける。

※冷蔵で2～3日保存可能

フライド大根

ヘルシーで子どものおやつにも最適

1人分 113kcal／塩分 0.6g

15分

材料（4～5人分）
大根…1/2本
A ┌ しょうゆ、酒…各大さじ1
　│ にんにく（すりおろし）
　│ 　…小さじ1/2
　└ 顆粒コンソメ…小さじ1
B 片栗粉、小麦粉…各大さじ3
揚げ油…適量
粗びき黒こしょう…少量

作り方
❶大根は7～8cm長さの拍子木切りにする。
❷ポリ袋に❶とAを入れて軽くもみ、混ぜ合わせたBを加えてまぶす。
❸深めのフライパンに揚げ油を1.5～2cm程度の深さまで入れて中火で熱し、❷をカリッとするまで4～6分揚げ焼きにする。キッチンペーパーに取り出して油をきる。粗びき黒こしょうをふる。

※冷蔵で2日保存可能
※半量で作ってもOK

59

たけのこ（水煮）

注目の栄養‥カリウム｜食物繊維｜アミノ酸
うれしい効果‥疲労回復｜整腸作用｜血圧降下作用
保存法‥商品パッケージに記載の表示に従う。

バジル香るオイルが絶好の調味料
1人分 79kcal／塩分 0.3g

たけのこのバジルオイルマリネ

材料（2人分）
たけのこ（水煮）…150g
A［オリーブ油…大さじ1
　ドライバジル…小さじ1/2
　塩、粗びき黒こしょう
　　…各少量］

作り方
❶たけのこは穂先は5mm幅のくし形切りにする。根元は5mm幅のいちょう切りにする。
❷耐熱容器に入れてふんわりとラップをかけ、電子レンジで2分ほど加熱する。
❸Aを加えてあえる。

うまみたっぷりシンプル煮もの
1人分 49kcal／塩分 1.0g

たけのこの土佐煮

材料（2人分）
たけのこ（水煮）…150g
A［だし汁…カップ1
　しょうゆ、みりん
　　…各小さじ2］
削り節…3g

作り方
❶たけのこは穂先は1.5cm幅のくし形切り、根元は1cm幅のいちょう切りにする。
❷鍋に①、Aを入れて煮立て、ふたをして、弱火で8分ほど煮る。火を止め、削り節を混ぜる。

ウインナーは細かく刻んでトッピング風に
1人分 106kcal／塩分 0.5g

たけのことウインナーのパン粉焼き

材料（2人分）
たけのこ（水煮）…150g
ウインナー…2本
A［パン粉…大さじ2
　オリーブ油…小さじ1
　にんにく（みじん切り）
　　…小さじ1/2
　塩、粗びき黒こしょう
　　…各少量］

作り方
❶たけのこは5mm幅のくし形切りにする。ウインナーは細かく刻む。Aは合わせておく。
❷耐熱の器にサラダ油少量（分量外）を塗り、たけのこを並べる。ウインナーをちらし、Aをのせる。
❸アルミホイルをかぶせ、オーブントースターで5分ほど焼く。ホイルをはずし、こげ目がつくまで1〜2分焼く。

ピリッと山椒の辛みがアクセント
1人分 57kcal／塩分 0.5g

たけのこのオイスターソース炒め

材料（2人分）
たけのこ（水煮）…150g
ごま油…小さじ1
A［酒…大さじ1
　オイスターソース…大さじ1/2
　おろししょうが…小さじ1/3］
白いりごま…適量
粉山椒…少量

作り方
❶たけのこは縦半分に切って4cm長さに切り、薄切りにする。
❷フライパンにごま油を中火で熱し、①を3分ほど炒める。
❸Aで調味し、器に盛り、白いりごま、粉山椒をふる。

COLUMN

献立にもう1品！ 5分で作れるスープレシピ

そのまま使える乾物や、だしなしでもおいしくなるうまみ食材を使った超スピードスープ。
お湯を注ぐだけ、鍋で温めるだけで完成するスープレシピをご紹介します。

カットタイプの春雨ならそのまま使える

1人分 106kcal ／塩分 0.6g

春雨わかめスープ

材料（1人分）

A ┌ 春雨（カットタイプ）…5g
　├ カットわかめ（乾）…1g
　├ 鶏ガラスープの素…小さじ1
　├ しょうゆ…小さじ1/2
　└ 白いりごま…小さじ1/3
熱湯…180〜200㎖

作り方

器にAを入れ、熱湯を注いで4〜5分おく。

コーンクリームスープ

材料（1人分）

A ┌ コーンクリーム缶…60g
　├ 牛乳…120㎖
　└ 顆粒コンソメ…小さじ1/8
ドライパセリ（あれば）…適量

作り方

❶鍋にAを入れ、かき混ぜながら中火で温める。
❷器に盛り、あればドライパセリをふる。

定番スープがあっという間に完成

1人分 123kcal ／塩分 0.5g

ごま油でコクと風味をプラス

1人分 36kcal ／塩分 1.4g

とろろ昆布と梅干しのスープ

材料（1人分）

A ┌ とろろ昆布…ひとつまみ（1g）
　├ 梅干し…1/2個
　└ しょうゆ…小さじ1/2
熱湯…180〜200㎖
ごま油…小さじ1/2
削り節…ふたつまみ

作り方

❶Aの梅干しは種を除いてちぎる。
❷器にAを入れて熱湯を注ぎ、ごま油と削り節をかける。

玉ねぎ

◎旬の時期：4〜5月（新玉ねぎ） ◎注目の栄養：ケルセチン（ポリフェノール）／硫化アリル ◎うれしい効果：血流改善／抗酸化作用／老化予防 ◎新鮮のサイン：頭の部分がキュッとしまっている／皮の色にむらがない ◎保存法：ネットに入れ、風通しのよい冷暗所で吊るすか、冷蔵庫へ。新玉ねぎは冷蔵庫へ。

オニオンスライスのおかかポン酢がけ

横薄切りにすると辛みが抜けやすい

加熱なし／10分／1人分 39kcal／塩分 0.4g

材料（2人分）
- 玉ねぎ…1個
- 削り節…2g
- ポン酢しょうゆ…適量

作り方
1. 玉ねぎは縦半分に切って横薄切りにし、水に5〜10分ほどさらして水けをしぼる。
2. 器に盛り、削り節をのせ、ポン酢しょうゆをかける。

玉ねぎのガリバタステーキ

にんにくとバターの香りがそそる

15分／1人分 125kcal／塩分 1.2g

材料（2人分）
- 玉ねぎ…1個
- 小麦粉…適量
- オリーブ油…大さじ1
- A［しょうゆ…大さじ1弱／酒、水…各大さじ1／おろしにんにく…小さじ1/2］
- バター…5g

作り方
1. 玉ねぎは横1cm幅の輪切りにし、くずれないようにようじでとめる。
2. 耐熱容器に並べてふんわりとラップをかけ、電子レンジで3分ほど加熱する。キッチンペーパーで水けを取り、小麦粉をまぶす。
3. フライパンにオリーブ油を中火で熱し、②を並べる。ふたをして弱火にし、片面3分くらいずつ焼く。合わせたAとバターを加えてからめる。

オニオングラタン風スープ

体が芯から温まるやさしい味わい

25分／1人分 107kcal／塩分 1.6g

材料（2人分）
- 玉ねぎ…1個
- にんにく（みじん切り）…1/2かけ分
- バター…10g
- A［水…350ml／固形コンソメ…1個］
- 塩、粗びき黒こしょう…各少量
- ピザ用チーズ…20g

作り方
1. 玉ねぎは縦半分に切って縦薄切りにする。
2. 鍋にバター、①、にんにくを入れて中火にかけ、玉ねぎがしっとりするまで炒める。Aを加えて煮立て、ふたをして、弱火で15分ほど煮る。塩で調味する。
3. 器に盛り、熱いうちにチーズをのせ、粗びき黒こしょうをふる。

玉ねぎとハムのレモンマリネ

レモンの香りをプラスしてさわやかに

加熱なし／10分／1人分 140kcal／塩分 0.4g

材料（2人分）
- 玉ねぎ…1個
- ハム…2枚
- A［オリーブ油…大さじ1と1/2／酢…小さじ1／レモン汁…小さじ2/3／砂糖…小さじ1/3／塩、こしょう…各少量］

作り方
1. 玉ねぎは縦半分に切って縦薄切りにし、水に5分ほどさらして水けをしぼる。ハムは放射状に8等分に切る。
2. ボウルにAを合わせ、①を加えてあえる。

玉ねぎ

1人分 127kcal／塩分 1.0g

お好みで ペッパーソースをかけて

玉ねぎとウインナーのナポリタン風

材料(2人分)
玉ねぎ…1個
粗びきウインナー…2本
オリーブ油…小さじ1
A ┌ トマトケチャップ、酒…各大さじ1
　├ ウスターソース…小さじ1
　└ 塩、こしょう…各少量
粉チーズ…少量

作り方
❶ 玉ねぎは縦半分に切り、縦8mm幅に切る。ウインナーは斜め薄切りにする。
❷ フライパンにオリーブ油を熱して❶を炒め、玉ねぎがしんなりしたらAで調味する。器に盛り、粉チーズをふる。

1人分 124kcal／塩分 1.5g

おそば屋さんの カレーみたいな味わい

玉ねぎのカレーそぼろ煮

材料(2人分)
玉ねぎ…1個
豚ひき肉…50g
A ┌ だし汁…カップ1
　├ しょうゆ、みりん…各大さじ1
　├ 砂糖…小さじ1
　└ カレー粉…小さじ1/2

作り方
❶ 玉ねぎは6〜8等分のくし形切りにする。
❷ 鍋にA、ひき肉を入れて混ぜ、❶を加えて煮立てる。ふたをして、弱火で15分ほど煮る。

1人分 139kcal／塩分 1.3g

みょうがと梅で さっぱり香りよく

オニオンスライスとツナの梅ドレッシング

材料(2人分)
玉ねぎ…1個
ツナ缶(軽く缶汁をきる)…1/2缶(35g)
みょうが…1個
A ┌ 梅干し(種を除いてたたく)…1個分
　├ サラダ油…大さじ1
　├ 酢…大さじ1/2
　├ しょうゆ…小さじ1/2
　└ 砂糖…小さじ1/3

作り方
❶ 玉ねぎは縦半分に切って横薄切りにし、水に5〜10分ほどさらして水けをしぼる。みょうがは薄い小口切りにし、さっと水にさらして水けをしぼる。
❷ ❶、ツナを合わせて器に盛り、合わせたAをかける。

1人分 81kcal／塩分 0.6g

玉ねぎの食感が 残るくらいに炒めて

玉ねぎと桜えびの中華炒め

材料(2人分)
玉ねぎ…1個
桜えび…5g
ごま油…大さじ1/2
A ┌ 酒…大さじ1
　├ 鶏ガラスープの素…小さじ1/2
　└ 塩、こしょう…各少量
ラー油…適量

作り方
❶ 玉ねぎは縦半分に切り、縦8mm幅に切る。
❷ フライパンにごま油を中火で熱し、❶を炒める。透き通ってきたら桜えびを加えて炒め合わせる。
❸ Aで調味し、器に盛り、ラー油をかける。

チンゲン菜

◎ 旬の時期：9～1月
◎ 注目の栄養：ビタミンA・C・E／カルシウム／カリウム
◎ うれしい効果：骨や歯の強化／抗酸化作用／血圧降下作用
◎ 新鮮なサイン：葉が肉厚／みずみずしい緑色／茎にハリ・ツヤがある／ずんぐりしている
◎ 保存法：葉を湿らせて新聞紙に包んで冷蔵庫へ。ゆでたものは冷蔵で約2日保存可能。

チンゲン菜と鶏ひき肉の塩麹炒め

しょうがのきいたシンプルな炒めもの

10分

材料（2人分）
- チンゲン菜…2株
- 鶏ひき肉…80g
- サラダ油…大さじ1/2
- A
  - 塩麹…大さじ1
  - 酒…大さじ1/2
  - おろししょうが…小さじ1/2

作り方
① チンゲン菜は5cm長さに切り、葉と茎に分ける。茎は太ければ縦半分に切る。
② フライパンにサラダ油を中火で熱し、ひき肉を色が変わるまで炒める。
③ チンゲン菜の茎を加えて2分ほど炒め、しんなりしたら葉を加えてさっと炒める。Aで調味する。

1人分 121kcal／塩分 1.5g

チンゲン菜とトマトの中華サラダ

さっとゆでてサラダ仕立てに

10分

材料（2人分）
- チンゲン菜…1株
- トマト…1個
- A
  - ごま油…大さじ1
  - 酢…大さじ1/2
  - しょうゆ…小さじ2
  - 白いりごま…小さじ1/2
  - 砂糖…小さじ1/3

作り方
① チンゲン菜は1枚ずつはがす。鍋に湯を沸かし、チンゲン菜を根元から入れて3分ほどゆでる。冷水にとり、水けをしぼって4cm長さに切る。茎は太ければ縦半分に切る。
② トマトは2cm角に切る。
③ ボウルにAを合わせ、①、②を加えてあえる。

1人分 83kcal／塩分 0.9g

チンゲン菜とハムのクリーム煮

やっぱりおいしい定番の組み合わせ

13分

材料（2人分）
- チンゲン菜…2株
- ハム…2枚
- A
  - 牛乳…カップ1
  - 鶏ガラスープの素…小さじ1
  - 塩、こしょう…各少量
- 片栗粉…小さじ1

作り方
① チンゲン菜は根元に十字の切り込みを入れて、4等分にさく。ハムは半分に切って1cm幅に切る。
② フライパンにAを入れて中火にかけ、沸騰直前で①を入れる。吹きこぼれないように火加減を調節しながら、4分ほど煮る。
③ 弱火にして、大さじ1の水で溶いた片栗粉を少しずつ加えてとろみをつける。

1人分 101kcal／塩分 1.3g

チンゲン菜

梅干しの風味で
さっぱりと

1人分 10kcal ／塩分 1.4g

チンゲン菜の梅あえ

⏱ 10分

材料(2人分)

チンゲン菜…1株
A ┌ 梅干し(種を除いてたたく)
　│　　…1個分
　│ しょうゆ…小さじ1
　└ 砂糖…小さじ1/3

作り方

❶チンゲン菜は1枚ずつはがす。鍋に湯を沸かし、チンゲン菜を根元から入れて3分ほどゆでる。冷水にとり、水けをしぼって4cm長さに切る。茎は太ければ縦半分に切る。
❷ボウルにAを合わせ、❶を加えてあえる。

マヨネーズで炒めて
コクをアップ

1人分 54kcal ／塩分 0.8g

チンゲン菜のマヨポン炒め

⏱ 10分

材料(2人分)

チンゲン菜…2株
マヨネーズ、ポン酢しょうゆ
　　…各大さじ1
削り節…適量

作り方

❶チンゲン菜は4cm長さに切り、葉と茎に分ける。茎は太ければ縦半分に切る。
❷フライパンにマヨネーズを中火で熱し、チンゲン菜の茎を2分ほど炒める。
❸しんなりしたら葉を加えてさっと炒め、ポン酢しょうゆを加えて炒め合わせる。器に盛り、削り節をふる。

ビタミンC満載の
うれしいひと皿

1人分 50kcal ／塩分 0.6g

チンゲン菜とパプリカの中華炒め

⏱ 10分

材料(2人分)

チンゲン菜…2株
パプリカ(黄)…1/4個
ごま油…大さじ1/2
A ┌ オイスターソース、酒
　│　　…各大さじ1/2
　└ おろしにんにく…小さじ1/2

作り方

❶チンゲン菜は4～5cm長さに切り、葉と茎に分ける。茎は太ければ縦半分に切る。パプリカは長ければ横半分に切り、5mm幅の細切りにする。
❷フライパンにごま油を中火で熱し、パプリカ、チンゲン菜の茎の順に入れて2分ほど炒める。しんなりしたら葉を加えてさっと炒める。Aで調味する。

豆苗

◎旬の時期：通年　◎注目の栄養：ビタミンC｜βカロテン｜葉酸
◎うれしい効果：老化予防・貧血予防・改善
◎新鮮のサイン：芽が鮮やかな緑色
◎保存法：根元を切り、水に浸して冷蔵庫へ。

豆苗と桜えびのさっと煮

しょうゆとみりんの
やさしい味つけで

1人分 40kcal／塩分 0.8g

8分

材料(2人分)
豆苗…1袋
桜えび…5g
A ┌ だし汁…150ml
　│ しょうゆ、みりん…各大さじ1/2
　└ 砂糖…小さじ1/2

作り方
❶豆苗は根元を落とし、3等分に切る。
❷鍋にAを煮立て、①、桜えびを入れて中火で4分ほど煮る。

豆苗と厚揚げのチャンプルー

さっと炒めて
食感を残して

1人分 105kcal／塩分 0.7g

8分

材料(2人分)
豆苗…1袋
厚揚げ…80g
ごま油…小さじ1
A ┌ しょうゆ、酒…各大さじ1/2
　│ みりん…小さじ1
　└ おろししょうが…小さじ1/2
削り節…適量

作り方
❶豆苗は根元を落とす。厚揚げは4cm四方、1cm幅に切る。
❷フライパンにごま油を中火で熱し、厚揚げを3分ほど、軽く焼き色がつくまで炒める。
❸A、豆苗を加えて炒め合わせ、器に盛り、削り節をふる。

豆苗とえのきのポン酢しょうゆあえ

青じそが
ふわりと香る

1人分 24kcal／塩分 0.6g

10分

材料(2人分)
豆苗…1袋
えのきたけ…1/3パック
青じそ…3枚
ポン酢しょうゆ…大さじ1

作り方
❶豆苗、えのきは根元を落とし、半分に切る。青じそはせん切りにし、さっと水にさらして水けをしぼる。
❷鍋に湯を沸かして豆苗を入れ、20秒ほど経ったらえのきを加え、さらに20秒ほどゆでる。合わせて冷水にとり、水けをしぼる。
❸ボウルに②、青じそを入れ、ポン酢しょうゆを加えてあえる。

豆苗のスクランブルエッグ

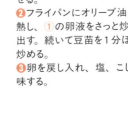

シンプル塩味。
ケチャップをかけても

1人分 124kcal／塩分 0.6g

8分

材料(2人分)
豆苗…1袋
卵…2個
オリーブ油…大さじ1/2
A ┌ 牛乳…大さじ1
　└ 塩、こしょう…各少量
塩、こしょう…各少量

作り方
❶豆苗は根元を落とし、3等分に切る。卵は溶きほぐし、Aを加えて混ぜる。
❷フライパンにオリーブ油を中火で熱し、①の卵液をさっと炒めて取り出す。続いて豆苗を1分ほど手早く炒める。
❸卵を戻し入れ、塩、こしょうで調味する。

66

COLUMN

献立にもう1品! 注ぐだけみそ汁レシピ

栄養が摂れて、心も体も温まるみそ汁。
ここでは器に具と熱湯を注ぐだけで完成するみそ汁レシピをご紹介します。

磯の香りがただようシンプルな一杯

あおさのりのみそ汁

(3分) 1人分 22kcal／塩分 1.6g

材料(1人分)
```
あおさのり…ふたつまみ
A  みそ…大さじ1/2強
   和風だしの素…小さじ1/4
熱湯…150～170ml
```

作り方
器にAを入れ、熱湯を注いでよく混ぜる。

豆腐は切らずに手でくずして

くずし豆腐とねぎのみそ汁

(3分) 1人分 47kcal／塩分 1.4g

材料(1人分)
```
絹ごし豆腐…50g
   細ねぎ(小口切り)…適量
A  みそ…大さじ1/2強
   和風だしの素…小さじ1/4
熱湯…150～170ml
```

作り方
①豆腐は食べやすい大きさにくずす。
②器に①とAを入れ、熱湯を注いでよく混ぜる。

冷凍野菜や練りものは時短の味方!

かにかまとほうれん草のみそ汁

(3分) 1人分 28kcal／塩分 1.6g

材料(1人分)
```
かに風味かまぼこ…1本
ほうれん草(冷凍)…15g
A  みそ…大さじ1/2強
   和風だしの素…小さじ1/4
熱湯…150～170ml
```

作り方
①かにかまはほぐし、ほうれん草は湯(分量外)で洗って解凍し、水けをしぼる。
②器に①とAを入れ、熱湯を注いでよく混ぜる。

ふわふわの麩がほっとする

貝割れ菜と焼き麩のみそ汁

(3分) 1人分 28kcal／塩分 1.4g

材料(1人分)
```
貝割れ菜…適量(約1/8パック)
   焼き麩…5個
A  みそ…大さじ1/2強
   和風だしの素…小さじ1/4
熱湯…150～170ml
```

作り方
①貝割れ菜は根元を切り落とす。
②器に①とAを入れ、熱湯を注いでよく混ぜる。

トマト・ミニトマト

◎旬の時期‥6～10月（夏秋もの）／11～5月（冬春もの） ◎注目の栄養‥ビタミンC／葉酸／リコピン ◎うれしい効果‥抗酸化作用／美肌／老化予防 ◎新鮮のサイン‥重みがある／ヘタが緑色でピンとハリがある ◎保存法‥2～3日は涼しい場所なら常温で保存可能。熟したものはヘタを下にしてポリ袋に入れて冷蔵庫へ。

丸ごとトマトのおひたし

湯むきすれば味がしみやすい

1人分 33kcal／塩分 1.2g

25分

材料(2人分)
トマト…小 2個(200g)
A ┌ めんつゆ(2倍濃縮)
  │   …カップ 1/4
  │ 水…大さじ 2
  └ おろししょうが…小さじ 1/2

作り方
❶トマトはヘタの反対側に十字の切り込みを入れ、沸騰した湯に10秒ほどつけて冷水にとり、皮をむく。
❷ポリ袋にAを合わせ、❶を入れて空気を抜いて口をしばる。冷蔵庫で20分以上おく。

トマトとひき肉のナンプラー炒め

トマトは温まるくらいでOK

1人分 113kcal／塩分 0.7g

7分

材料(2人分)
トマト…1個(150g)
豚ひき肉…70g
サラダ油…小さじ 1
A ┌ 酒…大さじ 1/2
  │ ナンプラー…小さじ 1
  └ おろしにんにく…小さじ 1/2
香菜…適量

作り方
❶トマトは6～8等分のくし形切りにする。香菜は2cm長さに切る。
❷フライパンにサラダ油を中火で熱し、ひき肉を色が変わるまで炒める。
❸トマト、Aを加えてさっと炒め合わせる。器に盛り、香菜をのせる。

トマトと豆腐のもずく合わせ

市販のもずくと合わせるだけ！

加熱なし

5分

1人分 83kcal／塩分 0.6g

材料(2人分)
トマト…1個(150g)
絹ごし豆腐…1/2丁
もずく(味つき)…2パック(160g)
白すりごま…適量
しょうゆ(好みで)…適量

作り方
❶トマト、豆腐は1cm角に切る。
❷器にもずくと❶を盛り、上に白すりごまをふる。好みでしょうゆをかける。

68

トマト・ミニトマト

ひき肉の味つけは塩、こしょうだけでシンプルに

1人分 180kcal／塩分 0.5g

トマトカップのひき肉詰め

10分

材料(3人分)
トマト…3個(450g)
合いびき肉…120g
サラダ油…適量
塩、こしょう…各少量
マヨネーズ(好みで)…適量

作り方
❶トマトはヘタのついた部分を切り落とし、中身をくりぬく(中身は捨てずにとっておく)。
❷フライパンにサラダ油を中火で熱し、ひき肉を炒める。色が変わったらくりぬいたトマトの中身を加えてさっと炒め合わせ、塩、こしょうで調味する。
❸❷を3等分にして、❶のトマトカップに詰める。器に盛り、好みでマヨネーズをかける。

フレッシュバジルの香りが広がる

1人分 236kcal／塩分 0.4g

カプレーゼ

加熱なし　5分

材料(2人分)
トマト…大1個(200g)
モッツァレラチーズ
　…1個(100g)
バジルの葉…5〜6枚
塩、粗びき黒こしょう…各少量
オリーブ油…大さじ1と1/2

作り方
❶トマトは縦8mm幅に切る。チーズは水けをふき、8mm幅に切る。
❷器にトマト、チーズ、バジルを少しずつずらして重ねるように盛り、塩、粗びき黒こしょう、オリーブ油をかける。

卵は炒めすぎず、ふんわり仕上げて

1人分 125kcal／塩分 0.4g

トマト卵炒め

6分

材料(2人分)
トマト…1個(150g)
卵…2個
A［牛乳…大さじ1
　　塩、こしょう…各少量］
オリーブ油…大さじ1/2
塩、粗びき黒こしょう…各適量

作り方
❶トマトは2cm角に切る。ボウルに卵を溶きほぐし、Aを加えて混ぜる。
❷フライパンにオリーブ油を中火で熱し、❶の卵液を入れて大きく混ぜる。半熟になったらトマトを加えて30秒ほど炒め、塩、粗びき黒こしょう各少量で調味する。器に盛り、粗びき黒こしょう少量をふる。

しっかり冷やしたトマトを使って

1人分 80kcal／塩分 0.2g

トマトのハニーマスタードドレッシング

加熱なし　3分

材料(2人分)
トマト…1個(150g)
A［オリーブ油…大さじ1
　酢…大さじ1/2
　フレンチマスタード…小さじ1
　はちみつ…小さじ1/2
　塩、粗びき黒こしょう
　　…各少量］

作り方
❶トマトは縦半分に切って8mm幅に切り、器に盛る。
❷合わせたAをかける。

ツナマヨに酢を加えてさっぱりと

1人分 105kcal／塩分 0.4g

ミニトマトのツナマヨサラダ

加熱なし
5分

材料(2人分)

ミニトマト…10個(120g)
ツナ缶(軽く缶汁をきる)
　…1/2缶(35g)
A［マヨネーズ…大さじ1
　酢…小さじ1/2
　塩、こしょう…各少量］

作り方

❶ミニトマトは半分に切る。
❷ボウルにA、ツナを入れて混ぜ、❶を加えてあえる。

おろし玉ねぎの辛みがポイント

1人分 88kcal／塩分 0.5g

トマトの中華あえ

加熱なし
5分

材料(2人分)

トマト…大1個(200g)
A［ごま油…大さじ1
　おろし玉ねぎ…大さじ1/2
　酢…大さじ1/2
　しょうゆ…小さじ1
　白すりごま…小さじ1
　砂糖…小さじ1/2
　おろしにんにく…小さじ1/3］

作り方

❶トマトは2cm角に切る。
❷ボウルにAを合わせ、❶を加えてあえる。

彩りが華やかなサラダはおもてなしにも最適

1人分 111kcal／塩分 0.8g

トマトとうずら卵のミモザ風サラダ

加熱なし
5分

材料(2人分)

トマト…2個(300g)
うずら卵(水煮)…6個
イタリアンドレッシング(市販)
　…大さじ2〜3

※うずら卵(水煮)のかわりにゆで卵1個で作ってもOK

作り方

❶トマトは薄い輪切りにする。うずら卵は細かく刻む。
❷器にトマトを盛り、うずら卵をのせてドレッシングをかける。

トマト・ミニトマト

1人分 92kcal／塩分 0.4g

ミニトマトとねぎの和風サラダ

加熱なし　3分

材料（4～5人分）
- ミニトマト…2パック（400g）
- 細ねぎ…3～4本
- A
  - オリーブ油…大さじ3
  - しょうゆ…小さじ2
  - 練りわさび…小さじ1/4
  - 塩…少量

作り方
1. 細ねぎは小口切りにする。
2. ミニトマト、①をAであえる。

※冷蔵で2～3日保存可能
※半量で作ってもOK

―わさびの辛みがアクセント―

1人分 77kcal／塩分 0.3g

レンチンラタトゥイユ

18分

材料（4～5人分）
- トマト…2～3個（約400g）
- なす…2本
- ズッキーニ…1/3本
- 玉ねぎ…2/3個
- パプリカ（黄）…1/4個
- ローリエ…1枚
- にんにく（すりおろし）…小さじ1/2
- オリーブ油…大さじ2
- 塩…小さじ1/4

作り方
1. トマトはざく切りに、なすとズッキーニは1cm厚さの半月切りに、玉ねぎは1cm幅のくし形切りにする。パプリカは1cm幅に切る。
2. 深めの耐熱ボウルにすべての材料を入れ、ふんわりとラップをかけて電子レンジで野菜全体がしっとりするまで約12分加熱する（途中約8分で一度混ぜる）。

※冷蔵で2～3日、冷凍で2週間保存可能

―野菜の自然な甘みを堪能できる―

1人分 48kcal／塩分 1.4g

ミニトマトときゅうりのピクルス

加熱なし　2時間

材料（4～5人分）
- ミニトマト…2パック（400g）
- きゅうり…1本
- A
  - 酢…1/2カップ
  - 水…1/4カップ
  - 砂糖…大さじ3
  - 塩…大さじ1と1/3
  - オリーブ油…小さじ1
  - ローリエ（あれば）…2枚
  - 粗びき黒こしょう（あれば）…少量

作り方
1. ミニトマトは竹串で刺し、4か所ほど穴をあける。きゅうりは乱切りにする。
2. 保存袋にAを入れ、よく混ぜ合わせて砂糖を溶かし、①を入れて2時間以上漬ける。

※冷蔵で2～3日保存可能
※半量で作ってもOK

―常備しておけば漬けものの代わりに重宝―

1人分 128kcal／塩分 1.7g

トマトとえびのタイ風春雨サラダ

16分

材料（4～5人分）
- トマト…3個（450g）
- 春雨…60g
- ゆでえび…80g
- A
  - ナンプラー、サラダ油…各大さじ2
  - レモン汁…小さじ1と1/2

作り方
1. トマトは2cm角に切る。
2. フライパン（または鍋）に湯を沸かし、春雨を約4分ゆでる。ざるにあげてから水にさらし、キッチンペーパーで包んでしっかりと水けをしぼって、食べやすい長さに切る。
3. ①、②、えびをAであえる。

※冷蔵で2日保存可能
※半量で作ってもOK

―ナンプラーを使うだけでエスニックな仕上がりに―

長いものバターじょうゆ焼き

材料(2人分)
長いも…180g
オリーブ油…大さじ1/2
A [酒…大さじ1
　　しょうゆ、水…各大さじ1/2
　　みりん…小さじ1/2
　　バター…5g]
七味唐辛子…適量

作り方
① 長いもはよく洗い、皮つきのまま1cm幅の輪切りにする。
② フライパンにオリーブ油を中火で熱し、①を並べてふたをし、弱火で2分ほど焼く。裏返してさらに2分ほど焼く。
③ Aを加えてからめ、器に盛り、七味唐辛子をふる。

バターが香るステーキ風
1人分 117kcal／塩分 0.7g

加熱なし

長いものたらこあえ

材料(2人分)
長いも…150g
青じそ…2枚
たらこ…15g
めんつゆ(2倍濃縮)…小さじ1

作り方
① 長いもは皮をむいて厚手のポリ袋に入れ、めん棒で食べやすい大きさにたたく。たらこは薄皮を除く。青じそは食べやすくちぎる。
② ボウルに①を入れ、めんつゆを加えてあえる。

おつまみにぴったり。明太子でもOK
1人分 60kcal／塩分 0.5g

長いもの磯辺焼き風

材料(2人分)
長いも…150g
A [片栗粉…大さじ1と1/2
　　削り節…1g
　　塩…少量]
焼きのり(4等分に切る)…全形1枚分
サラダ油…小さじ1
ポン酢しょうゆ…適量

作り方
① 長いもは皮をむいて厚手のポリ袋に入れ、めん棒で少し粒が残るくらいにたたく。Aを加えて混ぜる。
② スプーンでのりに等分にのせて2つ折りにし、サラダ油をひいたフライパンに並べる。
③ 中火にかけ、3分ほど焼いたら裏返し、さらに2～3分焼く。器に盛り、ポン酢しょうゆを添える。

粗めにたたいてさくっとした食感
1人分 96kcal／塩分 0.4g

長いも

◎旬の時期：10～4月
◎注目の栄養：ムチン／カリウム／アミラーゼ
◎うれしい効果：消化促進／血糖値の上昇防止／抗酸化作用
◎新鮮のサイン：ひげ根が多い／ずっしりと重く、ずんぐりしている
◎保存法：丸ごと1本なら新聞紙で包んで冷蔵庫へ。カットしたものはぴっちりとラップして冷蔵庫へ。

72

長いも

こっくりみそ味が あとをひく
1人分 169kcal／塩分 1.0g

長いものひき肉炒め

材料(2人分)
長いも…180g
豚ひき肉…70g
サラダ油…小さじ1
A [酒…大さじ1/2
しょうゆ、みそ、みりん
　…各小さじ1
おろししょうが…小さじ1/2
豆板醤…小さじ1/3]

作り方
❶ 長いもは皮をむき、1cm太さ、4cm長さの棒状に切る。Aは合わせておく。
❷ フライパンにサラダ油を中火で熱し、ひき肉を色が変わるまで炒める。
❸ 長いもを加えて3分ほど炒め、Aを加えてからめる。

シャリシャリ食感に 箸が止まらない
1人分 54kcal／塩分 0.4g

せん切り長いものおかかポン酢がけ

材料(2人分)
長いも…150g
削り節…2g
ポン酢しょうゆ…適量

作り方
❶ 長いもは皮をむき、4cm長さのせん切りにする。
❷ 器に盛り、削り節をふり、ポン酢しょうゆをかける。

加熱すると ほっこりした食感に
1人分 100kcal／塩分 1.2g

長いもとベーコンの和風煮

材料(2人分)
長いも…180g
ベーコン…1枚
A [だし汁…150ml
酒…大さじ1
しょうゆ…小さじ2
砂糖…小さじ1]

作り方
❶ 長いもは皮をむいて1cm幅の輪切りにする。ベーコンは1cm幅に切る。
❷ 鍋にA、①を入れて煮立て、ふたをして弱火で5分ほど煮る。ふたをはずし、煮汁を1分ほど煮つめる。

長ねぎ

旬の時期：11〜2月
注目の栄養：ビタミンC／βカロテン／アリシン／ネギオール
うれしい効果：疲労回復／かぜ予防／抗酸化作用
新鮮のサイン：白い部分と緑の部分の境目がはっきりしている／巻きがしっかりしている
保存法：新聞紙で包んで立てて冷蔵庫か冷暗所へ。切ったものはラップに包んで冷凍庫へ。

1人分 92kcal ／塩分 1.4g
からしで味を引き締めます
10分

長ねぎとたこのからし酢みそあえ

材料(2人分)
長ねぎ…1本
ゆでだこ…80g
A [みそ…大さじ1
　　酢、砂糖…各大さじ1/2
　　練りがらし…小さじ1/3]

作り方
❶長ねぎは4cm長さに切り、縦半分に切る。鍋に湯を沸かし、3分ほどゆでてざるにあげ、粗熱を取る。たこはそぎ切りにする。
❷ボウルにAを合わせ、❶を加えてあえる。

1人分 127kcal ／塩分 1.6g
カレー粉を加えて複雑な味わいに
8分

長ねぎと魚肉ソーセージのソース炒め

材料(2人分)
長ねぎ…1本
魚肉ソーセージ…1本
サラダ油…大さじ1/2
A [中濃ソース…大さじ1
　　カレー粉…小さじ1/4
　　塩、こしょう…各少量]

作り方
❶長ねぎは8mm幅の斜め切りにする。魚肉ソーセージは8mm幅の斜め切りにする。
❷フライパンにサラダ油を中火で熱し、❶を4分ほど炒める。
❸Aで調味する。

1人分 69kcal ／塩分 0.9g
10分ほどおくと、味がよくしみる
15分

焼きねぎのめんつゆびたし

材料(2人分)
長ねぎ…2本
A [めんつゆ(2倍濃縮)…大さじ3
　　水…大さじ2
　　おろししょうが…小さじ1/3]

作り方
❶長ねぎは4cm長さのぶつ切りにする。アルミホイルを敷いたオーブントースターの天板に並べ、6分ほど焼き、裏返してさらに6分ほど、焼き色がつくまで焼く。
❷ボウルにAを合わせ、❶が熱いうちに加えてからめる。

1人分 111kcal ／塩分 0.4g
レンジ加熱して甘みを引き出します
8分

長ねぎとツナのナムル

材料(2人分)
長ねぎ…1本
ツナ缶…1/2缶(35g)
A [ごま油…小さじ2
　　鶏ガラスープの素、おろしにんにく…各小さじ1/3
　　こしょう…少量]

作り方
❶長ねぎは薄い斜め切りにする。耐熱容器に入れてふんわりとラップをかけ、電子レンジで50秒ほど加熱し、水けをきる。ツナは軽く缶汁をきる。
❷ボウルに❶を入れ、Aを加えてあえる。

74

COLUMN

献立にもう1品！ さっと煮スープレシピ

忙しい朝や平日の帰宅後もすぐに作れて、献立を助けてくれる時短スープ。
ここではさっと煮るだけで完成するスープをご紹介します。

トマトジュースを活用すれば簡単！

ズッキーニとミックスビーンズのトマトスープ

1人分 **67**kcal ／ 塩分 **1.3**g ／ 5分

材料（2人分）
- ズッキーニ…1/4本
- ミックスビーンズ（水煮）…50g
- A ┌ トマトジュース…200㎖
　　│ 水…150〜200㎖
　　└ 固形コンソメ…1個
- 塩、こしょう…各少量
- 粉チーズ（好みで）…適量

作り方
1. ズッキーニは3㎜厚さの半月切りにする。
2. 鍋に①とAを入れて沸騰させ、1〜2分煮る。
3. ミックスビーンズを加えて塩、こしょうで調味する。器に盛り、好みで粉チーズをふる。

夜食にもぴったりのボリューム感

サラダチキンとブロッコリーのコンソメスープ

1人分 **50**kcal ／ 塩分 **1.3**g ／ 5分

材料（2人分）
- サラダチキン…1/2パック(60g)
- ブロッコリー…4房
- A ┌ 水…350㎖
　　│ 固形コンソメ…1個
　　└ こしょう…少量

作り方
1. サラダチキンは薄切りにし、ブロッコリーは小房に分ける。
2. 鍋にAを入れて沸騰させ、①を加えて3分煮る。

桜えびの風味と色がアクセント

もやしと桜えびの中華スープ

1人分 **25**kcal ／ 塩分 **1.4**g ／ 5分

材料（2人分）
- もやし…1/3袋（約70g）
- 桜えび…3g
- A ┌ 水…350㎖
　　│ 鶏ガラスープの素…大さじ1/2
　　└ しょうゆ、ごま油…各小さじ1/2
- 細ねぎ（小口切り）…適量

作り方
1. 鍋にAを入れて沸騰させ、もやしと桜えびを加えて1〜2分煮る。
2. 器に盛り、細ねぎをちらす。

ねっとり濃厚なアボカドがクリーム味によく合う

アボカドとアスパラのクリームスープ

1人分 **147**kcal ／ 塩分 **1.3**g ／ 7分

材料（2人分）
- アボカド…1/2個
- アスパラガス…2本
- A ┌ バター…8g
　　└ 小麦粉…小さじ2
- 水…3/4カップ
- 牛乳…1カップ
- 固形コンソメ…1個
- 粗びき黒こしょう…少量

作り方
1. アボカドは1.5㎝角に切る。アスパラは根元の皮をピーラーでむき、4㎝長さに切る。
2. 鍋にAを入れて弱火で炒め、分量の水を加えて混ぜながら溶かし、中火で煮立たせる。アスパラ、牛乳、コンソメを入れて沸騰させ、2〜3分煮たら火を止めてアボカドを加える。
3. 器に盛り粗びき黒こしょうをふる。

なす

◎旬の時期：6～9月
◎注目の栄養：カリウム／ナスニン・ヒアシン（ポリフェノール）
◎うれしい効果：視覚補強／血圧降下作用
◎新鮮のサイン：ヘタがとがっている／切り口が変色していない／濃い紫紺色でツヤとハリがある
◎保存法：ラップで包むかポリ袋に入れて冷蔵庫または冷暗所へ。早めに使い切る。火を通せば冷凍保存も可能。

レンチンなすの明太マヨネーズあえ

なすの水分をしっかりとしぼるのがポイント

1人分 82kcal／塩分 0.6g

材料（2人分）
なす…2本
明太子…1/3腹（15g）
マヨネーズ…大さじ1と1/2

作り方
❶なすは縦半分に切ってから5mm厚さの斜め薄切りにし、水にさらす。軽く水けをきって耐熱皿にのせ、ふんわりとラップをかけて電子レンジで4分加熱する。キッチンペーパーに包んで水けをしぼる。
❷明太子はスプーンで薄皮から中身を出し、ほぐす。
❸①の粗熱が取れたら②とマヨネーズであえる。

なすとベーコンのトマト炒め

蒸し炒めにして野菜の甘みを引き出して

1人分 83kcal／塩分 0.4g

材料（2人分）
なす…2本
トマト…1個
玉ねぎ…1/8個
ベーコン…1枚
オリーブ油…大さじ1/2
塩…少量
粉チーズ…適量

作り方
❶なすは8mm幅の輪切りにする。玉ねぎは縦薄切りにする。ベーコンは1cm幅に切る。トマトは2cm角に切る。
❷フライパンにオリーブ油を中火で熱し、なす、玉ねぎ、ベーコンを入れてふたをし、弱火にしてときどき混ぜながら5分ほど蒸し炒めにする。
❸トマト、水大さじ2を加えてふたをし、ときどき混ぜながら4～5分蒸し炒めにする。塩で調味し、器に盛り、粉チーズをふる。

なすのみそ田楽

レンチンして焼くから火通りバッチリ

1人分 90kcal／塩分 1.5g

材料（2人分）
なす…2本
サラダ油…大さじ1/2
A［みそ…大さじ1と1/3
　砂糖…大さじ1弱
　みりん、酒…各小さじ1］
白いりごま…適量

作り方
❶なすは1本ずつラップで包み、電子レンジで1分10秒～1分20秒加熱して縦半分に切る。耐熱容器にAを合わせ、ふんわりとラップをかけて電子レンジで1分20秒ほど加熱して混ぜる。
❷フライパンにサラダ油を中火で熱し、なすの水けをふき、皮を下にして並べる。ふたをして2分ほど焼き、裏返して2分ほど焼く。
❸器に②の切り口を上にして盛り、Aを塗る。白いりごまをふる。

なす

焼きなすのねぎ塩だれ

材料(2人分)
なす…2本
A [長ねぎ(みじん切り)…4cm分
　　水…大さじ1弱
　　ごま油…小さじ1
　　鶏ガラスープの素…小さじ1/2
　　塩、粗びき黒こしょう…各少量]

作り方
① なすはアルミホイルを敷いたオーブントースターで5〜6分、途中上下を返しながら、皮が真っ黒にこげるまで焼く。粗熱が取れたら手で皮をむき、4〜6つ割りにする。
② 器に盛り、合わせたAをかける。

あっさり塩だれでなすの甘みを堪能

1人分 34kcal／塩分 0.5g

なすのマスタードドレッシングマリネ

材料(2人分)
なす…1本
A [オリーブ油…大さじ1と1/2
　　酢…大さじ1/2
　　水、フレンチマスタード…各小さじ1
　　塩、砂糖…各少量]
粗びき黒こしょう…少量

作り方
① なすは縦7〜8mm厚さに切り、さっと水にさらして水けをふく。アルミホイルを敷いたオーブントースターの天板に並べ、6分ほど焼く。
② バットにAを合わせ、①を入れてからめ、5分ほどおく。器に盛り、粗びき黒こしょうをふる。

サラダ代わりにも、ワインのつまみにも

1人分 93kcal／塩分 0.2g

なすの天ぷら

材料(2人分)
なす…1本
A [マヨネーズ…大さじ1
　　冷水…大さじ4と1/2
　　小麦粉…カップ1/2]
揚げ油…適量
塩…適量

作り方
① なすは1cm幅の斜め切りにする。
② ボウルにAを順に入れてそのつど混ぜる(粉を加えたあとは混ぜすぎない)。
③ フライパンに揚げ油を中温(約170℃)に熱し、なすに②をからめて入れる。衣がかたまったら3〜4分、上下を返しながら揚げる。器に盛り、塩を添える。

衣はカリッ、中はじゅわっ。甘みたっぷり

1人分 200kcal／塩分 0.3g

なすのチーズ焼き

材料(2人分)
なす…2本
トマトケチャップ…適量
ピザ用チーズ…40g

作り方
① なすは1cm幅の輪切りにし、さっと水にさらして水けをふく。
② アルミホイルを敷いたオーブントースターの天板に並べ、ケチャップを塗り、チーズをのせる。8分ほど焼く。

なすをピザ風に焼いてジューシーに

1人分 81kcal／塩分 0.7g

なすの梅ごまあえ

電子レンジを使えばあっという間

1人分 33kcal / 塩分 1.0g

材料(2人分)
なす…2本
A ┌ 梅干し(種を除いてたたく)…1個分
  │ 白すりごま…大さじ1
  └ しょうゆ…小さじ1/2

作り方
① なすは皮を縞目にむいて1cm幅の半月切りにし、さっと水にさらして水けをきる。耐熱容器に入れてふんわりとラップをかけ、電子レンジで3分ほど加熱し、水けをきる。
② ボウルにAを合わせ、①を加えてあえる。

なすの甘みそ炒め

甘めのみそ味はなすと好相性

1人分 73kcal / 塩分 1.4g

材料(2人分)
なす…2本
サラダ油…大さじ1/2
A ┌ みそ…大さじ1
  │ 砂糖…大さじ1/2
  │ みりん…小さじ1
  │ しょうゆ…小さじ1/2
  └ おろししょうが…小さじ1/2

作り方
① なすは縦半分に切り、1cm幅の斜め切りにする。Aは合わせておく。
② フライパンにサラダ油を中火で熱し、なすを5分ほど炒める。Aで調味する。

なすの冷や汁風

加熱なし

よ〜く冷やしただし汁を使って

1人分 121kcal / 塩分 1.6g

材料(2人分)
なす…小2本
みょうが…1個
塩…小さじ1/4
A ┌ みそ…大さじ1
  └ 白練りごま…大さじ1と1/2
だし汁…カップ1と1/2

作り方
① なすは薄い半月切りにし、さっと水にさらして水けをきる。塩をまぶして5分ほどおき、水けをしぼる。みょうがは小口切りにし、さっと水にさらして水けをしぼる。
② ボウルにAを合わせ、だし汁を少しずつ加えながら溶き混ぜる。①を加えて混ぜる。

なすと桜えびの煮びたし

桜えび香る煮汁がしみたなすは絶品

1人分 52kcal / 塩分 0.9g

材料(2人分)
なす…2本
桜えび…3g
A ┌ だし汁…カップ3/4
  │ しょうゆ、酒、みりん、砂糖…各大さじ1
  └ おろししょうが…小さじ1/3

作り方
① なすは縦半分に切る。皮に5mm間隔、5mm深さの斜めの切り込みを入れる。さっと水にさらして水けをきる。
② 鍋にAを煮立て、桜えび、①を皮を下にして入れる。落としぶたをして、弱火で8分ほど煮る。そのまま冷ます。

なす

なすのしそ風味浅漬け

材料（4〜5人分）
なす…3本（210g）
青じそ…4枚
塩…小さじ1/2
A ┃ しょうゆ…小さじ1/2
　┃ 和風だしの素、ごま油
　┃ 　…各小さじ1

作り方
❶なすは半分の長さに切って縦半分にし、1cm厚さに切って水にさらす。水けをきってポリ袋に入れ、塩をまぶして軽くもみ、水けが出ていたらしぼる。
❷青じそは縦半分に切ってから5mm幅の細切りにし、水にさらして水けをしぼる。
❸①のポリ袋に②とAを入れて、軽く混ぜる。

※冷蔵で2〜3日保存可能

なすの中華風ねぎだれ漬け

材料（4〜5人分）
なす…4本（280g）
長ねぎ（小口切り）…1/3本
A ┃ 酢…大さじ2
　┃ しょうゆ…大さじ1と1/2
　┃ ごま油…大さじ1
　┃ 鶏ガラスープの素、砂糖
　┃ 　…各小さじ1
　┃ しょうが（すりおろし）…小さじ1/2

作り方
❶なすは3〜4mm厚さの縦薄切りにし、水にさらす。水けを軽くきって耐熱皿に並べ、ふんわりとラップをかけて電子レンジで約3分加熱する。
❷①を保存容器に入れ、長ねぎをちらして合わせたAをかける。

※冷蔵で2〜3日、冷凍で4週間保存可能

なすと丸ごとピーマンの煮もの

材料（4〜5人分）
なす…4本（280g）
ピーマン…5個
ごま油…大さじ1
A ┃ 水…150mℓ
　┃ しょうゆ…大さじ2
　┃ みりん、酒…各小さじ2
　┃ 和風だしの素…小さじ1
　┃ 砂糖…小さじ2/3

作り方
❶なすは縦半分に切り、皮に5mm幅の浅い切り込みを入れる。ピーマンはヘタつきのまま、中心に1か所切り込みを入れる。
❷フライパンにごま油を中火で熱し、①を入れる。全体に油がまわったらAを加えて煮立たせ、落としぶたをし、フライパンのふたもして弱火で約15分煮る。

※冷蔵で2〜3日、冷凍で4週間保存可能

にら

◎旬の時期…11〜3月
◎注目の栄養…カリウム｜アリシン
◎うれしい効果…疲労回復｜スタミナ増強｜血行促進｜肩こり改善｜血圧降下作用
◎新鮮のサイン…葉が肉厚で緑色が濃い｜根元を持ったとき、ピンと立つ
◎保存法…湿らせた新聞紙で包んでラップを巻き冷蔵庫へ。早めに使い切る。

にらとたこのキムチあえ

10分

材料（2人分）
にら…1束
ゆでだこ…50g
白菜キムチ（粗く刻む）…30g
A［ごま油、オイスターソース…各小さじ1/2］

作り方
❶鍋に湯を沸かし、にらを20秒ほどゆでて冷水にとり、水けをしぼって4cm長さに切る。たこはそぎ切りにする。
❷ボウルに❶、キムチを入れ、Aを加えてあえる。

オイスターソースでコクをプラス

1人分 47kcal／塩分 0.8g

にらともやしの豆板醤炒め

7分

材料（2人分）
にら…1束
もやし…1/2袋
ごま油…大さじ1/2
A［酒…大さじ1/2
しょうゆ…小さじ1
砂糖、鶏ガラスープの素、豆板醤、おろししょうが…各小さじ1/2］

作り方
❶にらは4cm長さに切る。Aは合わせておく。
❷フライパンにごま油を中火で熱し、もやし、にらの順に入れて1分ほど炒める。Aで調味する。

手早く炒めてしゃきっと仕上げて

1人分 55kcal／塩分 1.1g

にらとトマトのカレー風味スープ

7分

材料（2人分）
にら…1/4束
トマト…小1個（100g）
A［水…350mℓ
固形コンソメ…1個
カレー粉…小さじ1/2］

作り方
❶にらは2cm長さに切る。トマトは2cm角に切る。
❷鍋にAを煮立て、❶を入れて中火で2分煮る。

トマトの酸味とスパイシーな香り

1人分 20kcal／塩分 1.1g

にら

にらは さっとゆでればOK

1人分 60kcal／塩分 0.4g

にらとささ身のごま酢あえ

材料(2人分)

にら…1束
鶏ささ身…1本
A [酒…大さじ1/2
    塩、こしょう…各少量]
B [白すりごま…大さじ1と1/2
    しょうゆ、砂糖…各小さじ1/2
    酢…小さじ1
    塩…少量]

作り方

① ささ身は耐熱皿にのせてAをふり、ふんわりとラップをかけて電子レンジで1分30秒ほど、上下を返して50秒ほど加熱する。粗熱が取れたら、筋を除いてほぐす。
② 鍋に湯を沸かし、にらを20秒ほどゆでて冷水にとり、水けをしぼって4cm長さに切る。
③ ボウルにBを合わせ、①、②を加えてあえる。

甘めの味つけに ほっとする

1人分 122kcal／塩分 2.7g

にらと油揚げの卵とじ

材料(2人分)

にら…1/2束
油揚げ…1/3枚
卵…2個
A [めんつゆ(2倍濃縮)、水
    …各75ml
    砂糖…小さじ1/2]
粉山椒…適量

作り方

① にらは3cm長さに切る。油揚げは5mm幅に切る。
② 直径20cmほどのフライパンにAを煮立て、①を入れて中火で30秒ほど煮る。
③ 溶きほぐした卵を回し入れてふたをし、1分ほど加熱して火を止め、好みの加減に火を通す。器に盛り、粉山椒をふる。

火が通りやすいよう、 平たく作るのがポイント

1人分 400kcal／塩分 1.5g

にらとひき肉の春巻き

材料(2人分)

にら…1束
豚ひき肉…150g
塩…小さじ1/3
こしょう…少量
春巻きの皮…6枚
小麦粉…大さじ1
揚げ油…適量

作り方

① にらは1cm幅に刻み、塩をまぶして5分ほどおき、水けをしっかりとしぼる。ボウルに入れ、ひき肉、こしょうを加えて練り混ぜる。
② 春巻きの皮で①を等分に包み、巻き終わりを同量の水で溶いた小麦粉でとめる。
③ フライパンに揚げ油を低めの中温(約160〜170℃)に熱し、②を上下を返しながら6分ほど揚げる。

にんじん

◎ 旬の時期：4～7月（春夏にんじん）／9～12月（秋冬にんじん） ◎ 注目の栄養：カリウム／カロテン ◎ うれしい効果：抗酸化作用／血圧降下作用 ◎ 新鮮のサイン：重みがある／皮にツヤがある／葉がついている ◎ 保存法：葉は切り落として早めに使い切る。根は新聞紙に包んでポリ袋に入れ、冷蔵庫へ。

豆腐をつぶして なめらかに口当たりよく
1人分 83kcal／塩分 1.1g

にんじんの白あえ

（10分）

材料（2人分）
にんじん…1/2本（100g）
絹ごし豆腐…1/2丁
A ┌ 白すりごま…大さじ1
 │ しょうゆ…大さじ1/2
 │ 砂糖、和風だしの素
 │   …各小さじ1/3
 └ 塩…少量

作り方
❶にんじんは5cm長さの細切りにして耐熱容器に入れ、ふんわりとラップをかけて電子レンジで1分50秒ほど加熱する。
❷豆腐は耐熱容器にのせてふんわりとラップをかけ、電子レンジで2分30秒ほど加熱する。キッチンペーパーで包んで水けをしっかりとしぼり、ボウルに入れ、ゴムべらでなめらかにつぶす。
❸❷にAを加えてよく混ぜ、❶を加えてあえる。

明太子がにんじんの 甘みを引き出す
1人分 58kcal／塩分 1.0g

にんじんの明太子炒め

（7分）

材料（2人分）
にんじん…小1本（150g）
明太子…25g
サラダ油…小さじ1
しょうゆ…小さじ1/2

作り方
❶にんじんはスライサーで細いせん切りにする。明太子は薄皮を除く。
❷フライパンにサラダ油を中火で熱し、にんじんを1分ほど炒める。
❸明太子を加えてさらに30秒ほど炒め、しょうゆで調味する。

お弁当の おかずにもぴったり
1人分 149kcal／塩分 0.8g

にんじん入り卵焼き

（10分）

材料（2人分）
にんじん…1/5本（40g）
卵…3個
A ┌ 砂糖…小さじ2
 │ 酒…小さじ1
 │ しょうゆ…小さじ2/3
 └ 塩…少量
サラダ油…小さじ1/2

作り方
❶にんじんはせん切りにする。卵は溶きほぐし、A、にんじんを加えて混ぜる。
❷卵焼き器にサラダ油を中火で熱し、❶の2/3量を流し入れて手早く混ぜる。半熟になったら弱火にし、向こう側から手前に巻き、向こう側に寄せる。残りの❶を加え、同様に焼く。
❸巻きすの上に取り出して、形を整える。食べやすい大きさに切り分ける。

にんじん

ビタミンも
食物繊維もたっぷり

1人分 152kcal ／塩分 0.5g

にんじんとひじきのくるみマヨあえ

20分

材料(2人分)
にんじん…1/2本(100g)
芽ひじき(乾)…小さじ2(2g)
くるみ…15g
塩…少量
A [マヨネーズ…大さじ2
　　塩、こしょう…各少量]

作り方
❶ひじきは水に15分ほどつけてもどす。鍋に湯を沸かし、2分ほどゆでてざるにあげる。にんじんはスライサーで細切りにし、塩をまぶして軽くもみ、水けをしぼる。くるみは粗く刻む。
❷ボウルに①を入れ、Aを加えてあえる。

やさしい甘さと
バターのコクが広がる

1人分 60kcal ／塩分 0.8g

にんじんグラッセ

17分

材料(2人分)
にんじん…1本(200g)
A [水…カップ1
　　砂糖…大さじ1
　　バター…5g
　　塩…小さじ1/4]
ドライパセリ(好みで)…少量

作り方
❶にんじんは5cm長さに切り、4〜6つ割りにする。
❷鍋にA、①を入れて煮立て、ふたをして弱火で12分ほど煮る。器に盛り、好みでドライパセリをふる。

加熱なし

食べ飽きない
定番サラダ

1人分 117kcal ／塩分 0.2g

キャロットラペ

5分

材料(2人分)
にんじん…小1本(150g)
レーズン…大さじ2
A [オリーブ油…大さじ1
　　レモン汁(または酢)
　　　…小さじ1
　　塩…少量]

作り方
❶にんじんはスライサーで細切りにする。
❷ボウルに①を入れ、A、レーズンを加えてあえる。

ひらひらにんじんの
食感が楽しい

1人分 58kcal ／塩分 0.7g

にんじんのごまあえ

7分

材料(2人分)
にんじん…小1本(150g)
A [白すりごま…大さじ1と1/2
　　しょうゆ…小さじ1
　　砂糖…小さじ1/2
　　和風だしの素…小さじ1/3]

作り方
❶にんじんはピーラーでリボン状にする。耐熱ボウルに入れてふんわりとラップをかけ、電子レンジで2分ほど加熱し、水けをきる。
❷Aを加えてあえる。

にんじんとしらすの和風マリネ

加熱なし　5分

材料(2人分)
にんじん…小1本(150g)
しらす干し…15g
A [オリーブ油…大さじ1
　　酢…小さじ1
　　しょうゆ…小さじ1/2
　　練りわさび…小さじ1/4]

作り方
① にんじんはスライサーで細切りにする。
② ボウルにAを合わせ、①、しらすを加えてあえる。

わさびの風味をきかせて

1人分 88kcal／塩分 0.5g

にんじんとさつま揚げのしょうがじょうゆ炒め

8分

材料(2人分)
にんじん…1/2本(100g)
さつま揚げ…1枚(50g)
サラダ油…小さじ1
A [しょうゆ…大さじ1/2
　　みりん、酒…各小さじ1
　　砂糖…小さじ1/2
　　おろししょうが…小さじ1/2]

作り方
① にんじんは5cm長さの短冊切りにする。さつま揚げは半分に切り、1cm幅に切る。
② フライパンにサラダ油を熱し、①を4分ほど炒める。
③ 合わせたAを加えてさっと炒め合わせる。

しょうがを加えてごはんが進む味に

1人分 80kcal／塩分 1.2g

にんじんと大根のなます

加熱なし　10分

材料(2人分)
にんじん…1/2本(100g)
大根…50g
塩…小さじ1/4
A [酢…大さじ2
　　砂糖…小さじ2
　　塩…少量]

作り方
① にんじん、大根はそれぞれ5cm長さのせん切りにする。塩をまぶして5分ほどおき、水けをしっかりとしぼる。
② ボウルにAを合わせ、①を加えてあえる。

さっぱりサラダ代わりに

1人分 29kcal／塩分 0.6g

薄切りにんじんのカレー風味煮

10分

材料(2人分)
にんじん…小1本(150g)
A [水…150ml
　　固形コンソメ…1/2個
　　カレー粉…小さじ1/3]

作り方
① にんじんは2mm幅の薄い輪切りにする。
② 鍋にA、①を入れて煮立て、ふたをして弱火にし、6分ほど煮る。

カレーの香りににんじんの甘みが引き立つ

1人分 27kcal／塩分 0.5g

84

COLUMN

献立にもう1品！ 時短みそ汁レシピ

5〜7分でパパッと作れて、献立を助けてくれるみそ汁。
ここでは意外な具の組み合わせが斬新なみそ汁レシピをご紹介します。

酸味とコクの絶妙なバランス

トマトとすりごまのみそ汁

5分
1人分 52kcal／塩分 1.9g

材料（2人分）

トマト…1/2個
A ┌ 水…300ml
　└ 和風だしの素…小さじ2/3
白すりごま…大さじ1
みそ…大さじ1と1/3

作り方

❶トマトはざく切りにする。
❷鍋にAを入れて沸騰させ、トマトと白すりごまを加える。
❸火を止めてみそを溶き入れる。

みそと相性抜群のバターでリッチに

じゃがいもとコーンのバターみそ汁

7分
1人分 62kcal／塩分 2.0g

材料（2人分）

じゃがいも…1/2個
A ┌ 水…350ml
　└ 和風だしの素…小さじ2/3
ホールコーン…大さじ2
バター…4g
みそ…大さじ1と1/3

作り方

❶じゃがいもは皮をむいてせん切りにする。
❷鍋にAとじゃがいもとコーンを入れて沸騰させ、バターを加える。
❸火を止めてみそを溶き入れる。

ひらひらにんじんならすぐに火が通る

ピーラーにんじんとハムのみそ汁

5分
1人分 56kcal／塩分 2.2g

材料（2人分）

にんじん…1/3本
ハム…2枚
A ┌ 水…350ml
　└ 和風だしの素…小さじ2/3
みそ…大さじ1と1/3

作り方

❶にんじんはピーラーで薄切りにする。ハムは半分に切ってから1cm幅の細切りにする。
❷鍋にAを入れて沸騰させ、❶を加えてさっと煮る。
❸火を止めてみそを溶き入れる。

卵は好みのかたさに仕上げて

レタスと落とし卵のみそ汁

7分
1人分 105kcal／塩分 2.1g

材料（2人分）

レタス…1/6個
卵…2個
A ┌ 水…350ml
　└ 和風だしの素…小さじ2/3
みそ…大さじ1と1/3

作り方

❶レタスはひと口大にちぎる。
❷鍋にAを入れ沸騰させて卵を割り入れ、ふたをして弱火で4〜5分煮る（吹きこぼれやすいので注意する）。
❸レタスを加えて火を止め、みそを溶き入れる。

白菜

◎ 旬の時期：11〜2月　◎ 注目の栄養：カリウム／イソチオシアネート
◎ うれしい効果：血圧降下作用／老化予防
◎ 新鮮なサイン：すき間なく詰まっている／巻きがしっかりしている／芯に黒い斑点がない
◎ 保存法：丸ごとなら新聞紙に包み、立てて冷暗所へ。カットしたものはラップで包み冷蔵庫へ。

くたくたに蒸し煮にした白菜が美味

1人分 129kcal／塩分 0.5g

白菜とウインナーのフライパン蒸し

材料(2人分)
白菜…2枚(200g)
ウインナー…2本
A［オリーブ油、酒…各大さじ1
　　塩…少量］
粗びき黒こしょう…少量

作り方
❶ 白菜はざく切りにする。ウインナーは3〜4等分の斜め切りにする。
❷ フライパンに❶を入れ、Aをかける。
❸ ふたをして中火にかけ、蒸気が出てきたら弱火にし、6分ほど蒸し煮にする。器に盛り、粗びき黒こしょうをふる。

12分

シンプルなおいしさで体にもやさしい

1人分 129kcal／塩分 0.8g

白菜入り湯豆腐

材料(2人分)
白菜…2枚(200g)
木綿豆腐…1丁
A［水…カップ2
　　酒…大さじ1
　　昆布…5cm四方1枚］
ポン酢しょうゆ、細ねぎの小口切り、おろししょうが、削り節など…各適量

作り方
❶ 白菜は軸は縦半分に切ってそぎ切りに、葉は大きめのざく切りにする。豆腐は食べやすい大きさに切る。
❷ 鍋にA、白菜の軸を入れて中火にかけ、ふつふつしてきたら白菜の葉、豆腐を加える。弱火にし、アクを取りながら4分ほど煮る。
❸ ポン酢しょうゆ、好みの薬味を添える。

12分

濃厚味でももたれない

1人分 151kcal／塩分 1.2g

白菜とツナのチーズ焼き

材料(2人分)
白菜…小 2枚(150g)
ツナ缶…1/2缶(35g)
バター…10g
A［豆乳(無調整)…カップ1/4
　　顆粒コンソメ…小さじ1/2
　　塩、こしょう…各少量］
ピザ用チーズ…30g

作り方
❶ 白菜は軸を4cm長さ、1.5cm幅に切り、葉は小さめのざく切りにする。
❷ フライパンにバターを中火で熱し、❶を3分ほど炒める。Aを加えて2分ほど煮る。
❸ 耐熱の器に❷を入れて、軽く缶汁をきったツナ、チーズをのせ、オーブントースターで7分ほど焼く。

18分

86

白菜

白菜とハムのクリーム煮

ミルキーなやさしい味わい

1人分 161kcal／塩分 1.2g

材料(2人分)
白菜…2枚(200g)
ハム…2枚
バター…10g
小麦粉…大さじ1と1/2
A｜牛乳…カップ1
　｜固形コンソメ…1/2個
　｜塩、こしょう…各少量

作り方
❶白菜は縦半分に切って軸はそぎ切りに、葉はざく切りにする。ハムは半分に切って1cm幅に切る。
❷フライパンにバターを中火で熱し、❶を2分ほど炒める。小麦粉をふり入れて炒め合わせる。
❸Aを加え、中火で沸騰直前まで温め、弱火にして2〜3分、混ぜながらとろみがつくまで煮る。

白菜のレモン風味浅漬け

レモンの香りと酸味ですっきり

加熱なし

1人分 17kcal／塩分 1.6g

材料(2人分)
白菜…2枚(200g)
塩…小さじ1/2
昆布…3cm四方 1枚
レモンの輪切り…2枚

作り方
❶白菜は軸は4cm長さ、1.5cm幅に切り、葉はざく切りにする。レモンは4等分に切り、昆布は水につけてやわらかくし、細切りにする。
❷ポリ袋に白菜と塩を入れて軽くもみ、レモン、昆布を加える。空気を抜いて口をしばり、冷蔵庫で2時間以上おく。汁けを軽くきって器に盛る。

白菜と厚揚げの卵とじ

やさしいうまみがじんわりしみる

1人分 182kcal／塩分 1.2g

材料(2人分)
白菜…小 2枚(150g)
厚揚げ…100g
卵…2個
A｜だし汁…カップ3/4
　｜しょうゆ…小さじ2
　｜みりん…大さじ1/2
　｜砂糖…小さじ1
粉山椒…少量

作り方
❶白菜は4cm長さ、5mm幅に切る。厚揚げは1cm厚さのひと口大に切る。
❷直径20cmほどのフライパンにA、❶を入れて煮立て、ふたをして中火で3分ほど煮る。
❸溶きほぐした卵を回し入れて弱火にし、ふたをして40秒〜1分加熱して火を止め、好みの加減に火を通す。器に盛り、粉山椒をふる。

87

白菜のしらすポン酢

材料(2人分)
白菜…2枚(200g)
しらす干し…15g
ポン酢しょうゆ…大さじ1/2

作り方
❶白菜は軸は4cm長さ、1cm幅に切り、葉はざく切りにする。ボウルに入れ、塩小さじ1/4(分量外)をまぶして軽くもみ、5分ほどおいてさっと水洗いし、水けをしぼる。
❷器に盛り、しらすをのせ、ポン酢しょうゆをかける。

1人分 22kcal / 塩分 0.5g

白菜と豚ひき肉の中華炒め

材料(2人分)
白菜…2枚(200g)
豚ひき肉…100g
ごま油…大さじ1/2
A[オイスターソース…大さじ1
　酒…大さじ1/2
　片栗粉…小さじ1弱
　鶏ガラスープの素…小さじ1/2
　おろしにんにく…小さじ1/2
　赤唐辛子(小口切り)…ひとつまみ]

作り方
❶白菜は軸は4cm長さ、2cm幅に切り、葉はざく切りにする。Aの片栗粉は水大さじ1と1/2で溶き、他のAと合わせる。
❷フライパンにごま油を中火で熱し、ひき肉を色が変わるまで炒める。
❸白菜を加えて2分ほど炒め、Aを再び混ぜて加え、さっと炒め合わせる。

1人分 164kcal / 塩分 1.5g

白菜のおひたし

材料(2人分)
白菜…小2枚(150g)
A[水…大さじ2
　しょうゆ…大さじ1/2
　和風だしの素…小さじ1/2]
削り節…適量

作り方
❶鍋に湯を沸かし、白菜を3分ほどゆでて冷水にとり、水けを軽くしぼる。
❷Aを合わせ、1/3量を❶にかけて軽くしぼり、食べやすい大きさに切る。
❸器に盛り、残りのAをかけ、削り節をのせる。

1人分 15kcal / 塩分 0.7g

白菜とりんごのサラダ

材料(2人分)
白菜…2枚(200g)
りんご…1/4個
塩…小さじ1/4
A[サラダ油…大さじ1と1/2
　酢…小さじ2
　フレンチマスタード…小さじ1
　砂糖…小さじ1/2
　塩、こしょう…各少量]

作り方
❶白菜は軸は4cm長さ、5mm幅に、葉は3cm四方のざく切りにする。ボウルに入れ、塩をまぶして軽くもみ、5分ほどおいて水けを軽くしぼる。りんごは皮つきのまま8等分のくし形に切り、横4mm幅に切る。
❷ボウルにAを合わせ、❶を加えてあえる。

1人分 116kcal / 塩分 0.7g

パプリカ

旬の時期：6～9月
うれしい効果：抗酸化作用
注目の栄養：ビタミンA・C・E／カロテン
新鮮のサイン：皮が厚くハリがある／色鮮やか／ヘタがピンとしている
保存法：水けをふきポリ袋に入れて冷蔵庫へ。種を取ってせん切りにし、さっと塩ゆでして冷凍すると約2週間もつ。

焼きパプリカの粒マスタードマリネ

フルーティーで肉厚なパプリカを堪能

38分
1人分 75kcal／塩分 0.5g

材料(2人分)
パプリカ(赤)…1個
A ┌ オリーブ油…大さじ2
 │ 酢…小さじ1
 │ 粒マスタード…小さじ1/2
 │ 塩…小さじ1/4
 └ 粗びき黒こしょう…少量

作り方
❶ パプリカは縦半分に切る。
❷ アルミホイルを敷いたオーブントースターの天板に、皮を上にしてのせ、皮が真っ黒になるまで15分ほど焼く。さっと水でぬらして冷まし、水けをふき、手で皮をむく。縦2cm幅に切る。
❸ ボウルにAを合わせ、❷を加えて混ぜ、冷蔵庫で15分以上おく。

パプリカのアンチョビマヨ焼き

アンチョビのうまみと塩けがポイント

12分
1人分 83kcal／塩分 0.5g

材料(2人分)
パプリカ(黄)…1個
A ┌ アンチョビ(みじん切り)…2枚分(5g)
 │ マヨネーズ…大さじ1と1/2
 └ 粗びき黒こしょう…少量

作り方
❶ パプリカは縦6等分に切る。Aは合わせておく。
❷ アルミホイルを敷いたオーブントースターの天板に、パプリカを皮を下にしてのせ、Aを等分に塗る。
❸ マヨネーズに焼き色がつくまで8分ほど焼く。

パプリカとザーサイの中華風ごまあえ

コリコリのザーサイが食感に変化を

7分
1人分 68kcal／塩分 1.9g

材料(2人分)
パプリカ(赤、黄)…合わせて1個
ザーサイ(味つき)…25g
A ┌ 白すりごま…大さじ1
 │ ごま油…大さじ1/2
 └ オイスターソース…小さじ1/2

作り方
❶ パプリカは横半分に切って縦薄切りにする。耐熱ボウルに入れてふんわりとラップをかけて、電子レンジで50秒ほど加熱し、水けをきる。ザーサイは粗く刻み、パプリカのボウルに加える。
❷ Aを加えてあえる。

パプリカのピクルス

たっぷり作って常備菜にも

2時間
1人分 58kcal／塩分 2.3g

材料(2人分)
パプリカ(赤、黄)…合わせて1個
A ┌ 酢、砂糖…各大さじ4
 │ 水…大さじ2
 │ 塩…大さじ1/2
 │ 赤唐辛子(種を除く)…1/2本分
 └ 粒黒こしょう…6粒

作り方
❶ パプリカは縦1cm幅に切る。
❷ 小鍋にAを入れて中火で煮立て、火を止め、❶を加える。粗熱が取れたら保存容器に移し、冷蔵庫で2時間以上おく。

※冷蔵庫で4日間ほど保存可能

ピーマン

◎旬の時期：6〜9月
◎注目の栄養：ビタミンＡ・Ｃ・Ｅ／メトキシピラジン
◎うれしい効果：血流改善／抗酸化作用
◎新鮮のサイン：色が鮮やか／傷や斑点がない／肉厚で弾力がある
◎保存法：水けをふきポリ袋に入れて冷蔵庫へ。種を取ってせん切りにし、さっと炒めてから冷凍すると約2週間もつ。

ピーマンの焼きびたし

20分

少しおいて味がなじんでから食べて

1人分 25kcal／塩分 1.2g

材料（2人分）
ピーマン…4個
A ｢ めんつゆ（2倍濃縮）…大さじ4
　 水…大さじ3

作り方
❶ピーマンは縦半分に切る。ボウルにAを合わせておく。
❷アルミホイルを敷いたオーブントースターの天板に、ピーマンを皮を上にしてのせ、6分ほど焼く。
❸熱いうちにAに加えてからめ、10分ほどおく。

ピーマンとちくわのオイスターソース炒め

10分

ごはんが進むオイスター味

1人分 66kcal／塩分 0.8g

材料（2人分）
ピーマン…3〜4個（120g）
ちくわ…1本
ごま油…大さじ1/2
A ｢ 酒…大さじ1
　 オイスターソース…大さじ1/2
　 おろしにんにく…小さじ1/2
　 片栗粉…小さじ1/3
　 赤唐辛子（小口切り）…ひとつまみ

作り方
❶ピーマンは縦8等分に切る。ちくわは8mm幅の斜め切りにする。Aの片栗粉は水小さじ1で溶き、他のAと合わせる。
❷フライパンにごま油を中火で熱し、ピーマン、ちくわを4分ほど炒める。Aを再び混ぜて加え、さっと炒め合わせる。

ピーマンのツナチーズ焼き

13分

ピーマン嫌いさんもパクリといける

1人分 205kcal／塩分 1.0g

材料（2人分）
ピーマン…3個
マヨネーズ…大さじ1
ツナ缶…1缶（70g）
ピザ用チーズ…40g

作り方
❶ピーマンは縦半分に切る。
❷アルミホイルを敷いたオーブントースターの天板に、ピーマンを皮を下にしてのせ、マヨネーズを等分に塗り、軽く缶汁をきったツナ、チーズを等分にのせる。
❸チーズに焼き色がつくまで8分ほど焼く。

ピーマン

削り節のうまみで苦みがやわらぐ

1人分 22kcal／塩分 0.7g

ピーマンのおかかあえ

材料(2人分)
ピーマン…3〜4個(120g)
A［ しょうゆ…小さじ1
　　和風だしの素…小さじ1/3
　　削り節…4g ］

作り方
❶ピーマンは縦半分に切り、横4mm幅に切る。耐熱ボウルに入れてふんわりとラップをかけ、電子レンジで2分ほど加熱して水けをきる。
❷Aを加えてあえる。

煮汁がじゅわっ。種ごと食べてOK！

1人分 36kcal／塩分 0.6g

ピーマンの丸ごと煮

材料(2人分)
ピーマン…4個
しょうが…1/3かけ
A［ だし汁…カップ1と1/2
　　しょうゆ、酒、みりん
　　　…各小さじ2
　　砂糖…小さじ2/3
　　ごま油…小さじ1/3 ］

作り方
❶ピーマンは種を取らず包丁で1か所切り込みを入れる。しょうがはせん切りにする。
❷鍋にA、❶を入れて煮立て、落としぶたをして、弱火で8分ほど煮る。上下を返し、さらに7〜8分煮る（途中汁けが少なくなったら、水を少し足す）。

豪快に手でちぎってジャジャッと炒めて

1人分 64kcal／塩分 0.6g

ちぎりピーマンのコチュジャン炒め

材料(2人分)
ピーマン…4〜5個(150g)
ごま油…大さじ1/2
A［ コチュジャン、酒…各小さじ2
　　しょうゆ、おろしにんにく
　　　…各小さじ1/3 ］

作り方
❶ピーマンは手で食べやすい大きさにちぎる。Aは合わせておく。
❷フライパンにごま油を中火で熱し、ピーマンを5分ほど炒め、Aで調味する。

にんにくの香りが食欲をそそる

1人分 45kcal／塩分 0.5g

ピーマンのナムル

材料(2人分)
ピーマン…3〜4個(120g)
A［ ごま油…大さじ1/2
　　白いりごま…小さじ1
　　おろしにんにく、鶏ガラ
　　　スープの素…各小さじ1/2
　　塩、こしょう…各少量 ］

作り方
❶ピーマンは縦半分に切り、横4mm幅に切る。耐熱ボウルに入れてふんわりとラップをかけ、電子レンジで2分ほど加熱して水けをきる。
❷Aを加えてあえる。

ブロッコリー

◎旬の時期‥11〜3月
◎注目の栄養‥ビタミンA・C・E／鉄／葉酸／スルフォラファン
◎うれしい効果‥抗酸化作用／美肌／貧血予防・改善
◎新鮮のサイン‥中央が盛り上がっている／緑が濃い／つぼみがかたくしまっている
◎保存法‥根元を水でぬらしたキッチンペーパーで包み、ポリ袋に入れて立てて冷蔵庫へ。

ブロッコリーのタルタルソースがけ

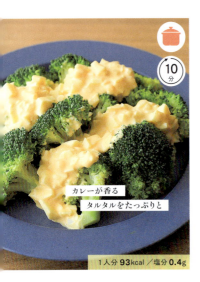

カレーが香る タルタルをたっぷりと

1人分 93kcal／塩分 0.4g

材料（2人分）
ブロッコリー…1/3株（100g）
ゆで卵…1個
A［マヨネーズ…大さじ1
　レモン汁、酢…各小さじ1/4
　カレー粉…小さじ1/4
　塩…少量］

作り方
❶ブロッコリーは小房に分ける。
❷鍋に湯を沸かし、塩適量（分量外）を加え、❶を3分ほどゆでてざるにあげ、器に盛る。
❸ゆで卵はみじん切りにしてAと合わせ、❷にかける。

ブロッコリーとマッシュルームのブラウンソース

ウスターソースと牛乳で作る 即席ソースをかけて

1人分 73kcal／塩分 0.5g

材料（2人分）
ブロッコリー…1/2株（150g）
マッシュルーム…3個
バター…5g
小麦粉…大さじ1/2
A［牛乳…1/3カップ
　ウスターソース…大さじ1/2］

作り方
❶ブロッコリーは小房に分け、マッシュルームは薄切りにする。
❷フライパンに湯を沸かして塩適量（分量外）を加え、❶のブロッコリーを3分ほどゆでる。途中で❶のマッシュルームを加えてさっとゆで、ともに水けをきって器に盛る。
❸❷のフライパンの湯を捨て、バターと小麦粉を入れ1〜2分炒める。Aを加えて混ぜ、とろみがついたら❷にかける。

ブロッコリーと豆腐のレンジ蒸し

コクのある 練りごまだれをかけて

1人分 146kcal／塩分 0.9g

材料（2人分）
ブロッコリー…1/3株（100g）
絹ごし（または木綿）豆腐…1/2丁
しょうが（せん切り）…1/3かけ分
A［練りごま…大さじ1と1/2
　砂糖…小さじ1/2
　しょうゆ…大さじ1/2
　水…大さじ1
　和風だしの素…小さじ1/3］

作り方
❶ブロッコリーは小房に分ける。豆腐は1.5cm厚さのひと口大に切る。Aは順に混ぜる。
❷耐熱の器に、ブロッコリーと豆腐を交互に並べ、しょうがをちらす。ふんわりとラップをかけ、電子レンジで4分ほど加熱する。Aをかける。

92

ブロッコリー

ザーサイも
ほどよい調味料代わりに

1人分 61kcal／塩分 1.6g

ブロッコリーとザーサイの中華あえ

材料(2人分)
ブロッコリー…1/2株(150g)
長ねぎ(みじん切り)…5cm分
ザーサイ(味つき・粗く刻む)
　…20g
A[ごま油…大さじ1/2
　しょうゆ…小さじ1/2
　おろしにんにく…小さじ1/3]

作り方
❶ブロッコリーは小房に分ける。長ねぎはさっと水にさらし、水けをしぼる。
❷鍋に湯を沸かし、塩適量(分量外)を加え、ブロッコリーを3分ほどゆでる。
❸ボウルにAを合わせ、長ねぎ、ザーサイ、水けをきった❷を加えてあえる。

味を含みやすい
ブロッコリーは薄味で

1人分 109kcal／塩分 1.7g

ブロッコリーと厚揚げの薄味煮

材料(2人分)
ブロッコリー…1/3株(100g)
厚揚げ…100g
A[めんつゆ(2倍濃縮)
　…カップ1/4
　水…カップ1/2
　しょうが(せん切り)
　…1/3かけ分]

作り方
❶ブロッコリーは小房に分ける。茎は皮をむき、食べやすい大きさの薄切りにする。厚揚げは1.5cm厚さのひと口大に切る。
❷鍋にAを煮立てて❶を入れ、再び煮立ったら、上下を返しながら中火で3分ほど煮る。

一緒に煮て
しっかり味を含ませます

1人分 66kcal／塩分 1.3g

ブロッコリーとかにかまのとろみ煮

材料(2人分)
ブロッコリー…1/2株(150g)
かに風味かまぼこ…2本
A[水…カップ1
　鶏ガラスープの素、ごま油
　…各小さじ1
　しょうゆ、おろしにんにく
　…各小さじ1/2
　塩、こしょう…各少量]
片栗粉…小さじ1

作り方
❶ブロッコリーは小房に分ける。かにかまは長さを半分に切ってほぐす。
❷フライパンにAを煮立て、❶を加えて再び煮立ったら、ときどき混ぜながら中火で3分ほど煮る。
❸弱火にし、大さじ1の水で溶いた片栗粉でとろみをつける。

わさびをきかせた
ソースが決め手

1人分 145kcal／塩分 1.0g

ブロッコリーのハム巻きわさびタルタルソース添え

材料(2人分)
ブロッコリー…1/2株(150g)
ハム…3〜5枚
A[マヨネーズ…大さじ2
　牛乳、塩麹…各小さじ1
　練りわさび…小さじ1/4]

作り方
❶ブロッコリーは小房に分けて、熱湯で2〜3分ゆで、水けをきる。
❷ハムは半分に切り、❶のブロッコリーにブーケ形になるように巻きつけてようじでとめる。
❸❷を器に盛り、混ぜ合わせたAを添える。

ブロッコリーの白あえ

材料（4〜5人分）

ブロッコリー…1株
木綿豆腐…1/2丁
にんじん…1/4本
A［白すりごま…大さじ2
　しょうゆ…大さじ1と1/2
　砂糖…小さじ1/2］

作り方

❶ブロッコリーは小房に分け、にんじんは短冊切りにする。ともに耐熱容器に入れてふんわりとラップをかけ、電子レンジで約4分加熱し、水けをきる。
❷豆腐も同様に電子レンジで3〜5分加熱する。粗熱が取れたら、キッチンペーパーで水けをしっかりときる。
❸ボウルに❷を入れてゴムベラで丁寧につぶす。Aを混ぜ、❶を加えてあえる。

※冷蔵で約2日保存可能

1人分 57kcal／塩分 0.8g

ほのかな甘みで箸が進む

ブロッコリーの豆板醤ピカタ

材料（4〜5人分）

ブロッコリー…1株
塩…少量
小麦粉…適量
A［卵…2個
　豆板醤…小さじ1
　粉チーズ…大さじ1］
ごま油…大さじ1
トマトケチャップ（好みで）…適宜

作り方

❶ブロッコリーは小房に分け、厚みがある房は縦半分に切って、塩、小麦粉をまぶす。
❷❶を混ぜ合わせたAの衣にくぐらせてたっぷりとつける。
❸フライパンにごま油を中火で熱し、❷を並べ入れる。ふたをして弱火で3〜4分加熱し、焼き目がついたら裏返して、竹串がすっと通るまで3〜4分焼く。食べるときに好みでケチャップを添える。

※冷蔵で約2日、冷凍で2週間保存可能

1人分 86kcal／塩分 0.5g

ピリッときいた豆板醤がクセになる

ブロッコリーの塩昆布ねぎあえ

材料（4〜5人分）

ブロッコリー…1株
長ねぎ…1/3本
A［塩昆布…5g
　ごま油…大さじ1
　しょうゆ、白いりごま
　　…各大さじ1/2］

作り方

❶ブロッコリーは小房に分ける。耐熱容器に入れてふんわりとラップをかけ、電子レンジで3〜5分加熱する。
❷長ねぎは薄い小口切りにしてラップに包み、電子レンジで10〜20秒加熱する。
❸❶と❷をAであえる。

※冷蔵で約2日、冷凍で2週間保存可能

1人分 46kcal／塩分 0.5g

塩昆布とごま油で風味豊かに

ブロッコリー

うまみ際立つ
桜えびの香り

1人分 **58**kcal／塩分 **0.6**g

ブロッコリーと桜えびのオイスターソース炒め

材料（4〜5人分）
ブロッコリー…1株
桜えび…5g
ごま油…大さじ1と1/2
A ┌ オイスターソース
　│　…大さじ1と1/2
　└ 酒…大さじ1

作り方
❶ブロッコリーは小房に分け、厚みがある房は縦半分に切る。
❷フライパンにごま油を中〜弱火で熱し、①を1〜2分炒める。水1/3カップを加えふたをし、ときどき混ぜながら3〜5分加熱する。
❸②のふたを取って水分をとばし、桜えびとAを加えて炒め合わせる。

※冷蔵で約2日、冷凍で2週間保存可能

マヨネーズを入れることで
衣がふんわり

1人分 **172**kcal／塩分 **0.2**g

ブロッコリーのマヨネーズフリッター

材料（4〜5人分）
ブロッコリー…1株
A ┌ 卵…1個
　│ マヨネーズ…大さじ2
　│ 水…1/4カップ
　│ 塩…ひとつまみ
　└ 小麦粉…1/2カップ強
揚げ油…適量
トマトケチャップ、
　塩など（好みで）…適宜

作り方
❶ブロッコリーは小房に分ける。
❷Aを順によく混ぜ合わせ、①をくぐらせる。
❸フライパンに揚げ油を1.5〜2cm程度の深さまで入れて中火で熱し、②を静かに入れる。裏返しながら3〜5分揚げて、衣がサクッとしたらキッチンペーパーに取り出して油をきる。食べるときに、好みでケチャップや塩をつける。

※冷蔵で約2日、冷凍で2週間保存可能

簡単シンプルで
お弁当に最適

1人分 **110**kcal／塩分 **0.6**g

ブロッコリーとウインナーのレンチンホットサラダ

材料（4〜5人分）
ブロッコリー…1株
ウインナー…4本
塩、こしょう…各少量
A ┌ マヨネーズ…大さじ3
　└ トマトケチャップ…大さじ1

作り方
❶ブロッコリーは小房に分け、ウインナーは大きめの斜め切りにする。
❷耐熱容器に①を入れて塩、こしょうをふり、水大さじ2をかける。ふんわりとラップをかけて電子レンジで3〜5分加熱する。
❸Aを混ぜ合わせて別容器で保存し、食べるときにあえる。

※冷蔵で約2日、冷凍で2週間保存可能

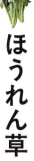

ほうれん草

- 旬の時期：11〜1月
- 注目の栄養：ビタミンC／鉄／葉酸／βカロテン
- うれしい効果：抗酸化作用／貧血予防・改善
- 新鮮のサイン：葉が密集している／ボリュームがある／葉がしっかりしている
- 保存法：新聞紙に包んでポリ袋に入れて立てて冷蔵庫へ。早めに使い切る。

ほうれん草のめかぶあえ

ネバネバのめかぶであえる小鉢

7分

材料（2人分）
ほうれん草…1束（200g）
めかぶ…50g
めんつゆ（2倍濃縮）…大さじ1
削り節…適量

作り方
❶鍋に湯を沸かし、ほうれん草をゆでて水にとり、水けをしっかりとしぼって4cm長さに切る。
❷❶とめかぶをめんつゆであえ、器に盛って削り節をふる。

1人分 28kcal ／ 塩分 0.6g

ほうれん草とチーズのサラダ

ミックスビーンズとチーズで彩りも豊か

7分

材料（2人分）
ほうれん草…1束（200g）
プロセスチーズ
　（カットタイプ）…2枚（16g）
ミックスビーンズ（水煮）…50g
A ┌ オリーブ油…大さじ1
　│ しょうゆ…小さじ1
　└ 塩、こしょう…各少量

作り方
❶鍋に湯を沸かし、ほうれん草をさっとゆでて水にさらし、水けをしっかりとしぼって2cm長さに切る。チーズは1cm角に切る。
❷❶とミックスビーンズをAであえる。

1人分 136kcal ／ 塩分 0.8g

ほうれん草と炒り卵の塩昆布あえ

卵の黄色で華やか。食べ応えも出ます

15分

材料（2人分）
ほうれん草…小1束（150g）
卵…1個
A ┌ 酒…小さじ1/2
　└ 塩、こしょう…各少量
サラダ油…小さじ1/2
塩昆布…3g
しょうゆ…小さじ1/2

作り方
❶鍋に湯を沸かし、ほうれん草を40秒ほどゆでて水にとり、水けを軽くしぼって4cm長さに切る。卵は溶きほぐし、Aを加えて混ぜる。
❷フライパンにサラダ油を中火で熱し、卵液を流し入れ、炒り卵を作る。
❸ボウルにほうれん草、❷を入れ、塩昆布、しょうゆを加えてあえる。

1人分 66kcal ／ 塩分 0.7g

ほうれん草

軽いランチにも おすすめ

1人分 211kcal／塩分 1.3g

ほうれん草のシーザーサラダ風

材料(2人分)

サラダほうれん草…1/2束(100g)
ベーコン…2枚
フランスパン(1cm厚さ)…1～2枚
A ┌ アンチョビ(みじん切り)…2枚分
　│ マヨネーズ…大さじ1と1/2
　│ オリーブ油…大さじ1
　│ 酢、粉チーズ…各大さじ1/2
　│ 牛乳…小さじ1
　│ おろしにんにく…小さじ1/2
　└ 粗びき黒こしょう…少量
粉チーズ、粗びき黒こしょう
　…各適量

作り方

❶ほうれん草は葉を摘み、食べやすい大きさに、茎は4cm長さに切り、合わせて器に盛る。

❷ベーコンは1cm幅、フランスパンは1.5cm角に切り、アルミホイルを敷いたオーブントースターの天板に並べ、カリッとするまで焼く。ベーコンの脂はキッチンペーパーで押さえる。

❸①に②をのせ、合わせたAをかける。粉チーズ、粗びき黒こしょうをふる。

野菜がおいしい 簡単白あえ衣

1人分 84kcal／塩分 1.0g

ほうれん草としいたけの白あえ

材料(2人分)

ほうれん草…小1束(150g)
しいたけ…2枚
絹ごし豆腐…1/2丁
A ┌ 白すりごま…大さじ1
　│ しょうゆ…大さじ1/2
　│ 和風だしの素、砂糖
　│ 　…各小さじ1/3
　└ 塩…少量

作り方

❶鍋に湯を沸かし、ほうれん草を40秒ほどゆでて水にとり、水けを軽くしぼって4cm長さに切る。同じ湯でしいたけを1分ほどゆで、水けをしっかり押さえて8mm幅に切る。

❷豆腐は耐熱容器にのせてふんわりとラップをかけ、電子レンジで2分30秒ほど加熱する。キッチンペーパーで包んで水けをしっかりとしぼり、ボウルに入れ、ゴムべらでなめらかにつぶす。Aを加えて混ぜる。

❸②に①を加えてあえる。

炒め合わせて 焼くだけの簡単カレーグラタン

1人分 236kcal／塩分 1.3g

ほうれん草とウインナーのカレーグラタン

材料(2人分)

ほうれん草…小1束(150g)
ウインナー…2本
玉ねぎ…1/6個
バター…10g
小麦粉…大さじ1
カレー粉…小さじ1
A ┌ 牛乳…カップ1/2
　└ 塩、こしょう…各少量
ピザ用チーズ…50g

作り方

❶ほうれん草は4cm長さに切る。ウインナーは1cm幅の斜め切りに、玉ねぎは縦薄切りにする。

❷フライパンにバターを中火で熱し、玉ねぎ、ウインナーを2分ほど炒める。ほうれん草を加えてさっと炒め、小麦粉、カレー粉をふって混ぜる。Aを加え、混ぜながらとろみがつくまで煮る。

❸耐熱の器に②を入れ、チーズをのせる。オーブントースターで7分ほど焼く。

97

ほうれん草のくるみみそあえ

材料(2人分)
ほうれん草…小 1束(150g)
くるみ…30g
A ┌ みそ…大さじ 1/2
　├ 水…小さじ 1
　├ 砂糖…小さじ 1/2
　├ しょうゆ…小さじ 1/3
　└ 和風だしの素…少量

作り方
① 鍋に湯を沸かし、ほうれん草を40秒ほどゆでて水にとり、水けを軽くしぼって4cm長さに切る。くるみは厚手のポリ袋に入れ、めん棒で少し粒が残るくらいにたたく。
② ボウルに A、くるみを合わせ、ほうれん草を加えてあえる。

くるみのコクとみそが好相性

1人分 133kcal／塩分 0.8g

ほうれん草とうずら卵のグラタン

材料(2人分)
ほうれん草…1束(200g)
玉ねぎ…1/6個
うずら卵(水煮)…6個
A ┌ ホワイトソース缶…1/2缶(150g)
　├ 牛乳…大さじ 2
　└ 塩、こしょう…各少量
ピザ用チーズ…50g

作り方
① ほうれん草は4cm長さに切り、玉ねぎは薄切りにする。
② フライパンに湯を沸かし、①を約1分ゆでて水にとり、水けをしっかりとしぼる。
③ ②のフライパンの湯を捨て、ほうれん草と玉ねぎを戻し、うずら卵と A を加えて混ぜ、中火で1～2分かき混ぜながら加熱する。
④ 耐熱容器に③を入れてチーズをのせ、オーブントースターで焦げ目がつくまで4～6分焼く。

ホワイトソース缶で本格派グラタン

1人分 234kcal／塩分 1.8g

ほうれん草とハムのみそマヨあえ

材料(2人分)
ほうれん草…小 1束(150g)
ハム…2枚
A ┌ マヨネーズ…大さじ 1と1/2
　└ みそ…小さじ 1/2

作り方
① 鍋に湯を沸かし、ほうれん草を40秒ほどゆでて水にとり、水けを軽くしぼって4cm長さに切る。ハムは半分に切って8mm幅に切る。
② ボウルに A を合わせ、①を加えてあえる。

みそを加えて和風のひと皿に

1人分 100kcal／塩分 0.6g

ほうれん草とコーンのバターソテー

材料(2人分)
ほうれん草…小 1束(150g)
ホールコーン…50g
バター…10g
塩、粗びき黒こしょう…各少量

作り方
① ほうれん草は5cm長さに切る。
② フライパンにバターを中火で熱し、①、コーンを1分ほど炒め、塩、粗びき黒こしょうで調味する。

バターの風味がよく合う

1人分 72kcal／塩分 0.3g

ほうれん草

たらこ×マヨネーズとしょうゆの相性が抜群!

1人分 74kcal／塩分 0.7g

ほうれん草と厚揚げのたらこあえ

材料(4〜5人分)
ほうれん草…2束(400g)
厚揚げ…120g
たらこ…1/2〜1腹(約25g)
A [マヨネーズ…大さじ1
　　しょうゆ…小さじ2と1/2

作り方
❶ほうれん草はふんわりとラップに包み、電子レンジで約1分加熱する。水にさらし、水けをしっかりとしぼって4cm長さに切る。
❷厚揚げは1cm×2cm四方に切る。耐熱容器に入れてふんわりとラップをかけ、電子レンジで5〜7分加熱する。
❸たらこは薄皮から中身を出してほぐし、❶、❷、Aと混ぜ合わせる。

※冷蔵で約2日保存可能

朝食の卵料理としてもおすすめ

1人分 70kcal／塩分 0.4g

ほうれん草のレンチンココット

材料(5人分)
ほうれん草…1束(200g)
卵…5個
塩、こしょう…各少量
オリーブ油…適量
トマトケチャップ(好みで)…適宜

作り方
❶ほうれん草はふんわりとラップに包み、電子レンジで約1分加熱する。水にさらしてしっかり水けをしぼり、3cm長さに切る。
❷ココット型にオリーブ油を塗り、❶と卵を入れ竹ぐしで黄身を2〜3か所刺し、塩、こしょうをふる。ふんわりとラップをかけて電子レンジで1個ずつ30秒〜1分30秒加熱する。食べるときに、好みでケチャップをかける。

※冷蔵で約2日保存可能

ほうれん草とえのきの食感の違いを楽しんで

1人分 32kcal／塩分 1.0g

ほうれん草とえのきのおひたし

材料(4〜5人分)
ほうれん草…2束(400g)
えのきだけ…1パック(80g)
A [めんつゆ(2倍濃縮)
　　　…大さじ5〜6
　　削り節…2g

作り方
❶えのきだけは根元を切り落とし、半分の長さに切って小房に分けるように軽くほぐす。フライパンに湯を沸かしてさっとゆで、粗熱が取れたら水けをしっかりとしぼる。
❷ほうれん草は❶と同じ湯で30秒ほどゆでて水にとり、水けをしっかりとしぼって4〜5cm長さに切る。
❸❶、❷をAであえる。

※冷蔵で2〜3日、冷凍で4週間保存可能

99

味の引き締め役 ゆずこしょうが
1人分 120kcal／塩分 0.9g

水菜と厚揚げのゆずこしょう炒め

⏱ 7分

材料(2人分)
水菜…2株(100g)
厚揚げ…100g
サラダ油…大さじ1/2
A[
酒…大さじ1/2
しょうゆ…小さじ1
みりん、ゆずこしょう
　…各小さじ1/2
]

作り方
❶水菜は5cm長さに切る。厚揚げは1cm厚さのひと口大に切る。
❷フライパンにサラダ油を熱し、厚揚げを並べ、2分ほど焼く。水菜を加えて30秒ほど炒める。合わせたAで調味する。

相性のいい しょうゆとオリーブ油で
1人分 69kcal／塩分 0.7g

水菜とひじきのあっさりサラダ

⏱ 20分

材料(2人分)
水菜…2株(100g)
芽ひじき(乾)…大さじ1
A[
オリーブ油…大さじ1
しょうゆ…小さじ1
塩、粗びき黒こしょう…各少量
]

作り方
❶水菜は5cm長さに切る。ひじきは15分ほど水につけてもどす。鍋に湯を沸かし、ひじきを2分ほどゆでてざるにあげる。
❷ボウルに①を入れ、Aを加えてあえる。

メンマで うまみをプラス
1人分 77kcal／塩分 0.7g

水菜とメンマの中華あえ

加熱なし ⏱ 5分

材料(2人分)
水菜…2株(100g)
メンマ(味つき)…20g
A[
ごま油…大さじ1
しょうゆ、白いりごま
　…各小さじ1
おろしにんにく…小さじ1/2
塩…少量
]
焼きのり…適量

作り方
❶水菜は4cm長さに切る。メンマは2cm長さに切る。
❷ボウルにAを合わせ、①、ちぎったのりを加えてあえる。

水菜

◎旬の時期‥11〜3月
◎注目の栄養‥ビタミンC｜鉄｜カルシウム
◎うれしい効果‥かぜ予防｜美肌｜骨や歯の強化｜貧血予防・改善
◎新鮮のサイン‥株が小ぶりで切り口が小さい｜茎が細くて白く、ハリがある｜葉先までピンとしている
◎保存法‥湿らせた新聞紙で包んでポリ袋に入れ、立てて冷蔵庫へ。早めに使い切る。

水菜

カリカリトッピングで モリモリいける
1人分 142kcal／塩分 1.0g

水菜と油揚げ、じゃこの和風サラダ

⏱ 8分

材料(2人分)
水菜…2株(100g)
ちりめんじゃこ…15g
油揚げ…1/2枚
サラダ油…小さじ1
A｜サラダ油…大さじ1と1/2
　｜酢…小さじ2
　｜しょうゆ…小さじ1
　｜砂糖…小さじ1/4

作り方
❶水菜は5cm長さに切る。油揚げは半分に切り、1cm幅に切る。
❷フライパンにサラダ油を中火で熱し、油揚げとじゃこを3分ほど炒める。
❸器に水菜を盛り、❷をのせ、合わせたAをかける。

さっと煮るだけの 簡単汁もの
1人分 33kcal／塩分 1.2g

水菜とかまぼこのすまし汁

⏱ 7分

材料(2人分)
水菜…1/2株(25g)
かまぼこ…3cm
A｜だし汁…350ml
　｜酒…小さじ1
B｜しょうゆ…小さじ1/2
　｜塩…少量

作り方
❶水菜は3cm長さに切る。かまぼこは薄切りにする。
❷鍋にAを煮立て、❶を40秒ほど煮る。Bで調味する。

軽くゆでると 食べやすさアップ
1人分 55kcal／塩分 1.0g

水菜とかにかまのごま酢あえ

⏱ 10分

材料(2人分)
水菜…2株(100g)
かに風味かまぼこ…2本
A｜白すりごま…大さじ1と1/2
　｜酢…大さじ1/2
　｜しょうゆ…小さじ1
　｜砂糖…小さじ1/2
　｜塩、和風だしの素…各少量

作り方
❶鍋に湯を沸かし、水菜を40秒ほどゆでて水にとり、水けを軽くしぼって4cm長さに切る。かにかまはほぐす。
❷ボウルにAを合わせ、❶を加えてあえる。

ちくわのもやし詰め

7分

材料(2人分)
- もやし…1/3袋
- ちくわ…4本
- マヨネーズ、しょうゆ…各適量

作り方
1. ちくわは長さを3等分に切り、穴にもやしを詰める。
2. 耐熱皿に①を並べ、ふんわりとラップをかけて電子レンジで約3分加熱する。マヨネーズ、しょうゆを添える。

さっと作れるから
おつまみにもぴったり

1人分 62kcal／塩分 1.2g

もやしとピーマンのチャンプルー

10分

材料(2人分)
- もやし…1袋
- ピーマン…1個
- 卵…1個
- ごま油…大さじ1
- A [しょうゆ…大さじ1と1/3
  砂糖…小さじ1
  しょうが(すりおろし)…小さじ1/2
  塩…少量]

作り方
1. ピーマンはヘタと種を除いて、ひと口大にする。
2. フライパンにごま油を中火で熱し、①ともやしを炒める。
3. ②の野菜を端に寄せ、空いた部分に卵を割り入れてかき混ぜながら軽く炒める。野菜と合わせ、Aを加えてからめる。

手早く炒めて
食感を残すのがコツ

1人分 126kcal／塩分 2.0g

もやしの刻み高菜あえ

7分

材料(2人分)
- もやし…1袋
- 刻み高菜漬け…25g
- A [ごま油…小さじ1
  しょうゆ…小さじ1/2]

作り方
1. 鍋に湯を沸かし、もやしを2分ほどゆでてざるにあげる。
2. ボウルに①、高菜漬けを入れ、Aを加えてあえる。

高菜漬けが
味わい深い調味料に

1人分 38kcal／塩分 0.7g

もやし

- 旬の時期：通年
- 注目の栄養：ビタミンC｜食物繊維
- うれしい効果：美肌｜老化予防｜熱中症予防
- 新鮮のサイン：ひげ根が変色していない｜白くて太い｜先端がしおれていない
- 保存法：日持ちしないため早めに使い切る。余ったら袋の口をしっかり閉じて冷蔵し、翌日には使い切る。

もやし

うまみたっぷりの中濃ソース味

1人分 102kcal／塩分 1.1g

もやしと卵のソース炒め

8分

材料(2人分)
もやし…1袋
卵…1個
ごま油…大さじ1/2
A ┌ 中濃ソース…大さじ1と1/2
　└ 塩…少量
青のり…少量

作り方
❶フライパンにごま油を中火で熱し、溶きほぐした卵をさっと炒めて取り出す。
❷①のフライパンでもやしを中火で1分ほど炒め、①の卵を戻し入れる。Aで調味し、器に盛り、青のりをふる。

マヨにオイスターのうまみをプラス

1人分 108kcal／塩分 1.0g

もやしとツナのオイスターマヨあえ

7分

材料(2人分)
もやし…1袋
ツナ缶…1/2缶(35g)
A ┌ マヨネーズ…大さじ1
　│ オイスターソース…大さじ1/2
　│ おろしにんにく…小さじ1/2
　└ 塩、こしょう…各少量

作り方
❶鍋に湯を沸かし、もやしを2分ほどゆでてざるにあげる。ツナは軽く缶汁をきる。
❷ボウルにAを合わせ、①を加えてあえる。

短時間で炒めてシャキッと仕上げて

1人分 101kcal／塩分 1.0g

もやしとウインナーのカレー炒め

10分

材料(2人分)
もやし…1袋
ウインナー…2本
オリーブ油…大さじ1/2
A ┌ 顆粒コンソメ…小さじ1
　└ カレー粉…小さじ1/2

作り方
❶ウインナーは4～5等分の斜め切りにする。
❷フライパンにオリーブ油を中火で熱し、①を1分ほど炒める。もやしを加え、手早く炒め合わせ、Aで調味する。

塩昆布とおかかのW使いでうまみたっぷり

1人分 30kcal／塩分 2.0g

もやしとかにかまの塩昆布おかかあえ

7分

材料(2人分)
もやし…1袋
かに風味かまぼこ…2～3本
A ┌ 塩昆布…5g
　│ 削り節…2g
　└ しょうゆ…小さじ1

作り方
❶もやしは耐熱容器に入れてふんわりとラップをかけ、電子レンジで2～3分加熱する。水けをしっかりとしぼる。
❷①とほぐしたかにかまをAであえる。

たれの配合を覚えておくと
いろいろ応用できます

1人分 167kcal ／塩分 1.5g

もやしとささ身のバンバンジー風

材料（2人分）

もやし…1袋
鶏ささ身…1本
A ┌ 酒…大さじ1
  └ 塩、こしょう…各少量
B ┌ 長ねぎ（みじん切り）
  │　　…大さじ1と1/2
  │ おろししょうが…小さじ1/2
  │ 白練りごま…大さじ1と1/2
  │ 砂糖…小さじ1/2
  │ しょうゆ、酢…各大さじ1
  └ ごま油…小さじ1

作り方

❶ もやしは耐熱容器に入れてふんわりとラップをかけ、電子レンジで2分30秒ほど加熱して水けをきる。
❷ ささ身は耐熱皿にのせ、Aをふり、ふんわりとラップをかけ、電子レンジで1分30秒ほど、上下を返して50秒ほど加熱する。粗熱が取れたら食べやすくさく。ボウルにBを順に入れてそのつど混ぜる。
❸ 器に❶、ささ身を盛り、Bをかける。

まろやかな味わいの
具だくさんスープ

1人分 129kcal ／塩分 1.5g

もやしとひき肉の豆乳スープ

材料（2人分）

もやし…1/2袋
豚ひき肉…80g
A ┌ 水…250ml
  └ 酒、鶏ガラスープの素
  　　…各大さじ1/2
  　 おろしにんにく…小さじ1/2
B ┌ 豆乳（無調整）…カップ1/2
  └ オイスターソース…小さじ1
ラー油…適量
細ねぎ（小口切り）…適量

作り方

❶ 鍋にAを煮立て、ひき肉を加えて混ぜ、再び煮立ったら中火で2分煮て、アクを取る。
❷ もやしを加えてさらに2分煮て、Bを加えてひと煮する。器に盛り、ラー油をふり、細ねぎをちらす。

にんじんはピーラーで
ヒラヒラの薄切りに

1人分 118kcal ／塩分 0.4g

もやしとにんじんのツナサラダ

材料（4〜5人分）

もやし…2袋
にんじん…1/2本
ツナ缶…1缶（70g）
A ┌ マヨネーズ…大さじ4
  └ 塩、こしょう…各少量

作り方

❶ にんじんはピーラーでリボン状の薄切りにする。ツナは缶汁をきる。
❷ にんじんともやしを耐熱容器に入れてふんわりとラップをかけ、電子レンジで3〜5分加熱して、水けをしっかりとしぼる。
❸ ❷とツナをAであえる。

※冷蔵で約2日保存可能

豆板醤入りの
ピリ辛酢じょうゆで召しあがれ

1人分 56kcal ／塩分 1.1g

もやしとねぎのチヂミ風

材料（4〜5人分）

もやし…1袋
長ねぎ（小口切り）…1/3本分
ごま油…適量
A ┌ 卵…1個
  │ 小麦粉…大さじ6
  │ 水…大さじ5
  │ 鶏ガラスープの素
  └ 　　…小さじ1/2
B ┌ 酢、しょうゆ
  │ 　　…各大さじ1と1/2
  │ 砂糖…小さじ2
  └ 豆板醤…小さじ1/2

作り方

❶ ボウルにもやし、長ねぎ、Aを入れて混ぜ合わせる。
❷ フライパンにごま油を中火で熱し、❶を丸く広げて入れ、ふたをして表面が固まるまで焼く。裏面も同様に焼き、食べやすい大きさに切る。
❸ 食べるときに、よく混ぜ合わせたBを添える。

※冷蔵で約2日保存可能

104

もやし

食べやすいサイズで
お弁当にもおすすめ

1人分 66kcal／塩分 0.6g

もやしのベーコン巻き

材料（4〜5人分）
もやし…1袋
ベーコン…6枚
青じそ…12枚
オリーブ油…小さじ1
塩、こしょう…各少量

作り方
❶ベーコンは半分の長さに切る。
❷ベーコンに12等分にしたもやしと青じそを1枚ずつのせて端からしっかりと巻き、巻き終わりを縫いとめるようにようじを刺す。
❸フライパンにオリーブ油を熱し、❷を巻き終わりを下にして並べる。ふたをして転がしながら4〜5分焼き、塩、こしょうをふる。

※冷蔵で約2日保存可能

ガッツリ食べたい
定番もやしサラダ

1人分 66kcal／塩分 1.0g

もやしときゅうりの中華サラダ

材料（4〜5人分）
もやし…1袋
きゅうり…1/2本
ハム…2枚
A｜ごま油…大さじ2
　｜酢…大さじ1
　｜しょうゆ…大さじ1/2
　｜砂糖…小さじ1
　｜塩…小さじ1/2
　｜ラー油(好みで)…適量

作り方
❶もやしは耐熱容器に入れてふんわりとラップをかけ、電子レンジで2〜3分加熱する。水けをしっかりとる。
❷きゅうりはせん切りに、ハムは半分に切ってから細切りにする。
❸❶、❷をAであえる。

※冷蔵で2〜3日保存可能

パスタ代わりにヘルシーなもやしで
ダイエットにも◎

1人分 96kcal／塩分 0.6g

もやしのナポリタン風炒め

材料（4〜5人分）
もやし…2袋
ウインナー…4本
ピーマン…大1個
玉ねぎ…1/3個
オリーブ油…大さじ1
A｜トマトケチャップ…1/4カップ
　｜塩、こしょう…各少量
粉チーズ(好みで)…適量

作り方
❶ウインナーは5mm厚さの斜め薄切りにする。ピーマンは5mm厚さの輪切りに、玉ねぎは薄切りにする。
❷フライパンにオリーブ油を中火で熱し、ウインナー、玉ねぎを入れて2〜3分炒める。もやし、ピーマンを加えてさっと炒め合わせる（野菜から水分が出てきたら、キッチンペーパーでふき取る）。
❸Aを加えてからめる。好みで粉チーズをかける。

※冷蔵で2〜3日保存可能

青じそをたっぷり入れて
さわやかに

1人分 25kcal／塩分 0.6g

もやしのたらこあえ

材料（4〜5人分）
もやし…2袋
たらこ…40g
青じそ…6枚
めんつゆ(2倍濃縮)…大さじ1

作り方
❶もやしは耐熱容器に入れ、ふんわりとラップをかけて電子レンジで3〜4分加熱する。余分な水分が出ていたら水けをきり、ちぎったたらこをのせて、さらに10秒ほど様子を見ながら加熱する。
❷青じそはせん切りにして水にさらし、水けをきる。
❸❶、❷をめんつゆであえる。

※冷蔵で約2日保存可能

105

レタス

◎旬の時期：4〜5月（春レタス）／6〜9月（夏レタス）　◎注目の栄養：食物繊維

◎うれしい効果：整腸作用
◎新鮮のサイン：みずみずしく緑色が濃すぎない／見た目よりも持った感じが重いもの
◎保存法：湿らせたキッチンペーパーで包んでラップし、ポリ袋に入れて冷蔵庫へ。早めに使い切る。

レタスのオイスターソース炒め

シンプルで飽きのこないひと皿

1人分 50kcal／塩分 1.1g　5分

材料（2人分）
レタス…1/3個（200g）
ごま油…大さじ1/2
A［ オイスターソース…大さじ1
　　酒…小さじ1
　　おろししょうが…小さじ1/2 ］

作り方
❶レタスはざく切りにする。
❷フライパンにごま油を中火で熱し、①を入れて強火にする。1分ほど炒め、Aで調味する。

レタスとのりのナムル

加熱なし　5分

軽くしんなりさせるとモリモリいける

1人分 54kcal／塩分 0.4g

材料（2人分）
レタス…1/4個（150g）
焼きのり…全形1/3枚
塩…少量
A［ ごま油…小さじ2
　　白いりごま…小さじ1
　　おろしにんにく…小さじ1/2
　　鶏ガラスープの素…小さじ1/3 ］

作り方
❶レタスはひと口大にちぎって塩をまぶし、軽くもんで水けをそっとしぼる。
❷ボウルに入れ、ちぎったのり、Aを加えて混ぜる。

レタスと卵のコンソメスープ

10分

忙しい朝でもすぐ完成

1人分 51kcal／塩分 1.2g

材料（2人分）
レタス…1/6個（100g）
卵…1個
A［ 水…カップ2
　　固形コンソメ…1個 ］
粗びき黒こしょう…少量

作り方
❶レタスは食べやすくちぎる。
❷鍋にAを煮立て、①を入れる。再び煮立ったら溶きほぐした卵を加え、ふわっと浮いてきたらひと混ぜする。器に盛り、粗びき黒こしょうをふる。

106

レタス

朝ごはんや
ブランチにも

1人分 249kcal / 塩分 1.2g

レタスのシーザーサラダ

10分

材料(2人分)

レタス…1/4個(150g)
ツナ缶…1缶(70g)
食パン(8枚切り)…1/3枚
A[アンチョビ(みじん切り)…2枚分
　マヨネーズ…大さじ1と1/2
　オリーブ油…大さじ1
　酢、粉チーズ…各大さじ1/2
　牛乳…小さじ1
　おろしにんにく…小さじ1/2
　塩、粗びき黒こしょう…各少量]
粗びき黒こしょう…少量

作り方

❶レタスはひと口大にちぎる。食パンは1cm角に切り、オーブントースターでカリッと焼く。Aは合わせておく。
❷器にレタス、軽く缶汁をきったツナを盛り、食パンをちらす。Aをかけ、粗びき黒こしょうをふる。

大きめカットで
豪快に

加熱なし

1人分 66kcal / 塩分 0.3g

レタスのねぎ塩だれ

5分

材料(2人分)

レタス…1/4個(150g)
長ねぎ…6cm
A[ごま油、サラダ油…各大さじ1/2
　酢、水…各小さじ1
　おろしにんにく…小さじ1/2
　塩、粗びき黒こしょう…各少量]

作り方

❶レタスは2〜4等分のくし形切りにして器に盛る。
❷長ねぎはみじん切りにする。
❸❷、Aを合わせ、❶にかける。

甘酢であえて
サラダ風に

加熱なし

1人分 26kcal / 塩分 0.5g

レタスとわかめの酢のもの

10分

材料(2人分)

レタス…1/4個(150g)
カットわかめ(乾)…2g
塩…少量
A[酢…大さじ2
　砂糖…小さじ2
　しょうゆ…小さじ1/3]

作り方

❶わかめはぬるま湯に5分ほどつけてもどし、水けをしぼる。レタスはひと口大にちぎって塩をまぶし、軽くもんで水けをそっとしぼる。
❷ボウルにAを合わせ、❶を加えてあえる。

れんこん

旬の時期：11〜3月／6〜9月（新れんこん）
注目の栄養：ムチン／ビタミンC／ポリフェノール
うれしい効果：美肌／胃腸の働き向上／抗酸化作用
新鮮なサイン：切り口が白く、みずみずしい。ずんぐりしていて重みがある
保存法：ラップ（カットされていないものは新聞紙）で包み、ポリ袋に入れて冷蔵庫へ。ポリ袋の口は開けておく。

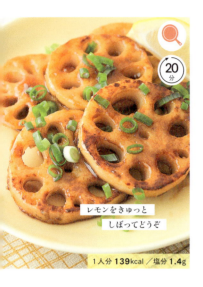

れんこんの和風ステーキ

⏱ 20分

材料（2人分）
- れんこん…150g
- 小麦粉…適量
- オリーブ油…大さじ1
- A｜しょうゆ…大さじ1
- A｜酒、みりん…各大さじ1/2
- A｜砂糖…小さじ1
- 細ねぎ（小口切り）…適量
- レモン（くし形切り）…1切れ

作り方
① れんこんは1cm幅の輪切りにして、さっと水にさらして水けをふく。小麦粉を薄くまぶす。
② フライパンにオリーブ油を弱火で熱し、①を並べてふたをし、6分ほど焼く。裏返してさらに5〜6分焼く。
③ フライパンの余分な油をふき、合わせたAを加えて中火にし、さっとからめる。器に盛り、細ねぎをふり、レモンを添える。

レモンをきゅっとしぼってどうぞ

1人分 139kcal／塩分 1.4g

れんこんとにんじんの甘酢炒め

⏱ 13分

材料（2人分）
- れんこん…120g
- にんじん…1/6本
- サラダ油…大さじ1/2
- A｜酢、砂糖、酒…各大さじ1
- A｜しょうゆ…大さじ1/2
- A｜塩…少量

作り方
① れんこんは2mm幅の半月切りかいちょう切りにして、さっと水にさらして水けをきる。にんじんも同様に切る。
② フライパンにサラダ油を中火で熱し、①を2分ほど炒める。
③ Aを加え、弱めの中火にし、汁けがなくなるまで炒める。

炒めることで酢の酸味もマイルドに

1人分 101kcal／塩分 0.9g

れんこんとツナのカレーマヨサラダ

⏱ 13分

材料（2人分）
- れんこん…150g
- ツナ缶…1/2缶（35g）
- A｜マヨネーズ…大さじ2
- A｜カレー粉…小さじ1/3
- A｜塩…少量
- ドライパセリ…少量

作り方
① れんこんは3mm幅のいちょう切りにし、さっと水にさらして水けをきる。鍋に湯を沸かし、酢適量（分量外）を加え、れんこんを5分ほどゆでてざるにあげる。
② ボウルに①、軽く缶汁をきったツナを入れ、Aを加えてあえる。器に盛り、パセリをふる。

ほんのりカレーの香りがそそる

1人分 177kcal／塩分 0.7g

れんこん

たらこがアクセント。明太子でもOK
1人分 189kcal／塩分 1.4g

れんこんのたらこチーズ焼き

材料(2人分)
れんこん…150g
たらこ…25g
マヨネーズ…大さじ1と1/2
ピザ用チーズ…40g

作り方
❶れんこんは2mm幅の半月切りかいちょう切りにして、さっと水にさらして水けをきる。たらこは薄皮を除く。
❷耐熱の器にれんこんを並べ、たらこを塗る。マヨネーズをかけて、チーズをのせる。
❸オーブントースターで、8分ほど焼く。

油揚げを加えてコクをアップ
1人分 107kcal／塩分 0.9g

れんこんと油揚げのごま酢あえ

材料(2人分)
れんこん…150g
油揚げ…1/2枚
A［白すりごま…大さじ2
　酢…大さじ1/2
　しょうゆ…小さじ1
　砂糖…小さじ1/2
　和風だしの素…小さじ1/3
　塩…少量］

作り方
❶れんこんは3mm幅のいちょう切りにし、さっと水にさらして水けをきる。
❷鍋に湯を沸かし、酢適量(分量外)を加え、①を5分ほどゆでてざるにあげる。同じ湯で油揚げをさっとゆでて冷水にとり、水けをしぼる。半分に切って5mm幅に切る。
❸ボウルにAを合わせ、②を加えてあえる。

バターとしょうゆのコンビが絶妙
1人分 154kcal／塩分 0.8g

れんこんとベーコンのバターじょうゆ炒め

材料(2人分)
れんこん…150g
ベーコン…1枚
オリーブ油…大さじ1
A［酒…大さじ1
　しょうゆ…小さじ1
　バター…5g
　おろしにんにく…小さじ1/3］

作り方
❶れんこんは縦4等分に切り、厚手のポリ袋に入れ、めん棒でたたいて食べやすい大きさに割る。ベーコンは1cm幅に切る。
❷フライパンにオリーブ油を弱火で熱し、①を入れ、ふたをしてときどき混ぜながら7〜8分炒める。Aを加えて中火にし、さっとからめる。

赤じそが上品に香る箸休め
1人分 52kcal／塩分 0.4g

れんこんの赤じそあえ

材料(2人分)
れんこん…150g
赤じそふりかけ…小さじ2/3

作り方
❶れんこんは3mm幅のいちょう切りにし、さっと水にさらして水けをきる。鍋に湯を沸かし、酢適量(分量外)を加え、れんこんを5分ほどゆでてざるにあげる。
❷ボウルに①を入れ、赤じそふりかけを加えてあえる。

アボカド×とろ〜り卵に
黒こしょうがポイント

1人分 181kcal／塩分 0.5g

アボカドエッグ

材料（3人分）

卵…3個
アボカド…1個
オリーブ油…小さじ1
塩、粗びき黒こしょう…各少量
マヨネーズ…適量

作り方

❶アボカドは縦半分に切って種と皮を除き、1cm厚さの薄切りにする。
❷フライパンにオリーブ油を中火で熱し、アボカドを3等分して並べ、上に卵を1個ずつ割り入れる。水1/4カップを入れ、ふたをして蒸し焼きにし、好みの加減に火を通す。
❸塩、粗びき黒こしょうをふり、器に盛ってマヨネーズをかける。

卵は手早く炒めて
ふんわり仕上げて

1人分 151kcal／塩分 1.4g

にら玉炒め

材料（2人分）

卵…3個
にら…1/3束
塩、こしょう…各少量
ごま油…大さじ1/2
A ┌ 鶏ガラスープの素…小さじ1
  └ しょうゆ…小さじ1/2

作り方

❶卵は溶いて塩、こしょうをふる。にらは4cm長さに切る。
❷フライパンにごま油を中火で熱し、❶のにらをさっと炒める。❶の卵液を加えて手早く炒め合わせ、Aを加えて調味する。

簡単なのにおもてなしの
オードブルにもなる

1人分 179kcal／塩分 0.7g

ゆで卵のデビルドエッグ風

材料（2人分）

ゆで卵…3個
A ┌ マヨネーズ…大さじ1と1/2
  │ しば漬け（みじん切り）…大さじ1
  └ 酢…小さじ1

作り方

❶ゆで卵は半分に切り、黄身を取り出す。
❷❶の黄身とAを混ぜ、6等分にして❶の白身に詰めて器に盛る。

卵

◎旬の時期：通年　◎注目の栄養：ビタミンA／ビタミンB_2／ビタミンE／ルテイン　◎うれしい効果：老化予防・抗酸化作用　◎新鮮のサイン：黄身がこんもり盛り上がっている／卵白が締まっている　◎保存法：おしりを上にして冷蔵庫へ。

110

卵

もやしと卵と焼き豚の中華炒め

にんにくがきいた パンチのある味わい

1人分 149kcal／塩分 1.2g

材料(2人分)
卵…2個
焼き豚(薄切り・市販)…2枚
もやし…1袋(200g)
ごま油…大さじ1/2
A ┃ しょうゆ…小さじ1
　┃ 鶏ガラスープの素…小さじ1/2
　┃ にんにく(すりおろし)
　┃ 　…小さじ1/2
　┃ 塩、こしょう…各少量
細ねぎ(小口切り・好みで)…適量

作り方
❶ 焼き豚は細切りにする。
❷ フライパンにごま油を中火で熱し、焼き豚ともやしを入れて手早く1～2分炒める。
❸ ❷をフライパンの端に寄せ、溶いた卵を流し入れてざっと火を通す。全体を混ぜ、Aを加えて炒め合わせ、好みで細ねぎをちらす。

玉ねぎとかにかまの卵とじ

あっという間に かに玉風おかずが完成

1人分 153kcal／塩分 2.2g

材料(2人分)
卵…3個
かに風味かまぼこ…3本
玉ねぎ…1/4個
A ┃ めんつゆ(2倍濃縮)
　┃ 　…1/4カップ
　┃ 水…1/4カップ
細ねぎ(小口切り・あれば)
　…適量

作り方
❶ かにかまはほぐし、玉ねぎは薄切りにする。卵は溶く。
❷ フライパンに玉ねぎとAを入れて2～3分煮て、かにかまを加える。
❸ ❷に卵を回し入れ、ふたをして1～2分煮て火を止める。ふたをしたまま好みのかたさまで蒸らし、器に盛ってあれば細ねぎをちらす。

味つけ卵

オイスターソースを プラスしてコクを出す

加熱なし／半日

1人分 71kcal／塩分 0.8g

材料(8人分)
ゆで卵…8個
A ┃ しょうゆ…大さじ2
　┃ オイスターソース…大さじ1
　┃ 鶏ガラスープの素…小さじ1
　┃ 水…大さじ2

作り方
ポリ袋にAを入れて混ぜ、ゆで卵を入れて調味液が全体にいきわたるように混ぜる。空気を抜いて袋の口をしばり、そのまま半日以上漬ける。

※冷蔵で2～3日保存可能
※半量で作ってもOK

桜えびと春雨のエスニック卵焼き

少ない卵で ボリューム満点のおかずに

1人分 102kcal／塩分 0.6g

材料(4～5人分)
卵…4個
春雨…20g
小松菜…1株
桜えび…3g
A ┃ ナンプラー…大さじ1/2
　┃ こしょう…少量
　┃ 酒…小さじ1
ごま油…大さじ1

作り方
❶ 春雨は熱湯につけてもどし、水で冷やしてしっかりとしぼって、4cm長さに切る。小松菜は1cm長さに切る。
❷ 溶いた卵に❶、桜えび、Aを加えて混ぜる。
❸ フライパンにごま油を中火で熱し、❷を入れて大きく混ぜる。半熟になったら折りたたむようにして小判型に整え、弱火にして上下を返しながら中まで火を通す。粗熱が取れたら切り分ける。

※冷蔵で約2日保存可能

111

定番のハムとチーズの組み合わせでお弁当にも！

1人分 168kcal／塩分 1.3g

薄焼き卵のハムチーズ巻き

材料（4〜5人分）

卵…4個
A［塩…ひとつまみ
　　酒、砂糖…各小さじ1］
ハム…10枚
スライスチーズ…7と1/2枚
サラダ油…少量

作り方

❶卵を溶き、Aを加えて混ぜる。
❷フライパンにサラダ油を中火で熱し、①を1/5量流し入れて薄焼き卵を作る。残りも同様にして5枚焼き、粗熱を取る。
❸②の上に、それぞれハムを2枚、チーズを1と1/2枚ずつのせて、手前からくるくると巻き、食べやすい大きさに切る。

※冷蔵で約2日、冷凍で2週間保存可能

いつものオムレツがパプリカで彩りがきれいに

1人分 127kcal／塩分 0.6g

スパニッシュオムレツ

材料（4〜5人分）

A［卵…5個
　　牛乳…大さじ2
　　塩…小さじ1/4
　　こしょう…少量］
パプリカ（赤）…1/3個
ツナ缶…1缶（70g）
オリーブ油…適量
トマトケチャップ（好みで）
　…適宜

作り方

❶パプリカは長さ半分に切って細切りにする。Aとパプリカ、缶汁をきったツナを混ぜ、オリーブ油を塗った耐熱容器（底が平らなもの）に入れる。
❷①にふんわりとラップをかけ、電子レンジで火が通るまで8〜12分加熱する。途中位置を移動させてムラをなくしながら様子を見つつ火が通るまで加熱する。
❸粗熱を取り、容器から取り出して切り分ける。食べるときに好みでケチャップを添える。

※冷蔵で約2日、冷凍で2週間保存可能

レンジ加熱は様子を見ながらがポイント

1人分 49kcal／塩分 1.0g

レンチン茶碗蒸し

材料（5人分）

かまぼこ薄切り…5枚
しいたけ…2枚
サラダチキン薄切り…2枚
A［卵…2個
　　水…1と1/2カップ
　　和風だしの素…小さじ1
　　塩…小さじ1/3
　　酒…小さじ1］

作り方

❶しいたけは薄切りにし、サラダチキンは食べやすい大きさに切る。厚手の耐熱容器にかまぼこ、しいたけ、サラダチキンを等分に入れる。
❷Aを泡立てないように静かに混ぜ、茶こしを通しながら①に等分に注ぎ入れる。ふんわりとラップをかけて、電子レンジ（500W）で1個ずつ1分20秒〜1分40秒加熱する。途中位置を変えて加熱ムラをなくす。竹串を刺し、液が出てこなければできあがり。加熱が足りないときは、10秒ずつ追加する。

※冷蔵で約2日保存可能

112

厚揚げ・油揚げ

注目の栄養：ビタミンE／カルシウム／イソフラボン
うれしい効果：美肌／老化予防／骨や歯の強化／抗酸化作用
新鮮なサイン：ふっくらしてツヤがある
保存法：ポリ袋に入れて冷蔵庫へ。油抜きをして小さめに切って冷凍庫へ。

厚揚げとツナ＆アボカドの春巻き

とろっとしたアボカド入りで満足度アップ

1人分 594kcal／塩分 1.0g

材料（2人分）
- 厚揚げ…3/4枚（150g）
- アボカド…1個
- ツナ缶…1缶（70g）
- みそ…小さじ1/2〜1
- 春巻きの皮…6枚
- 小麦粉…適量
- 揚げ油…適量

作り方
1. 厚揚げは2cm大に粗く手でちぎる。アボカドはくし形切りにする。ツナはしっかりと缶汁をきる。
2. 春巻きの皮にアボカド、厚揚げ、ツナの順においてみそをのせて包み、巻き終わりに少量の水で溶いた小麦粉を塗ってとめる。
3. フライパンに揚げ油を2cm程度の深さまで入れて中火で熱し、②を入れ、皮がパリッときつね色になるまで揚げ焼きにする。

15分

油揚げの梅しそチーズ焼き

あっという間にできる簡単おつまみ

1人分 163kcal／塩分 1.4g

材料（2人分）
- 油揚げ…2枚
- 梅干し（種を除いてたたく）…1個分
- 玉ねぎ…1/4個
- ピザ用チーズ…60g
- 青じそ…1枚

作り方
1. 玉ねぎは薄切りにする。
2. アルミホイルに油揚げをのせ、梅肉を薄く塗る。玉ねぎ、チーズをのせてオーブントースターでチーズが溶けるまで5〜8分焼く。食べやすい大きさに切って、青じそをちぎってのせる。

10分

厚揚げのしそから揚げ

しその風味でさっぱり＆やみつきになる味

1人分 163kcal／塩分 1.0g

材料（4〜5人分）
- 厚揚げ…2枚（400g）
- 青じそ…10枚
- A ┌ しょうゆ…大さじ2
-   │ 酒…小さじ1
-   └ しょうが（すりおろし）…小さじ1
- 片栗粉…適量
- 揚げ油…適量

作り方
1. 厚揚げは4cm角程度に切る。青じそは1.5cm四方程度にちぎる。
2. 混ぜ合わせたAに①を加えて混ぜ、青じそを厚揚げにつけながら片栗粉をまぶす。
3. フライパンに揚げ油を2cm程度の深さまで入れて中火で熱し、②を転がしながら3〜5分カリッとするまで揚げる。

※冷蔵で2〜3日保存可能

15分

油揚げの宝煮

めんつゆがしみた油揚げと卵の相性が抜群

1人分 109kcal／塩分 1.5g

材料（5人分）
- 油揚げ…2と1/2枚
- 卵…4個
- 長ねぎ…1/2本
- A ┌ 水、めんつゆ（2倍濃縮）…各1/2カップ
-   └ しょうが（すりおろし）…少量

作り方
1. 油揚げは菜箸などを上から転がして平らにし、半分に切って袋状に開く。長ねぎは小口切りにする。
2. ①の油揚げの中にねぎを入れ、溶いた卵を七分目まで入れる。口を折りたたんで、ようじで縫うようにとめる。
3. フライパンにAを入れ、②をとじ口を上にして並べる。中火にかけ、煮立ったら弱火にして途中上下を返しながら6〜8分煮る。

※冷蔵で2〜3日保存可能

20分

豆腐

◎注目の栄養：カルシウム｜イソフラボン｜コリン
◎うれしい効果：中性脂肪低下｜骨や歯の強化｜老化予防
◎新鮮のサイン：白くてツヤがある｜形がくずれていない
◎保存法：開封したものは水を張ったボウルに入れ、ラップして冷蔵庫へ。早めに使い切る。

冷ややっこトマトしょうがのせ

しょうが×オリーブ油はびっくりの相性

加熱なし / 5分

1人分 175kcal／塩分 1.3g

材料(2人分)
絹ごし豆腐…1丁
トマト…1個
みょうが…1個
しょうが(すりおろし)…小さじ1
オリーブ油、しょうゆ…各大さじ1

作り方
❶豆腐は2等分に切り、1人分ずつ器にのせる。
❷トマトは1cm角、みょうがは薄い小口切りにしてしょうがと混ぜる。
❸①の豆腐の上に②をのせ、しょうゆ、オリーブ油をかける。

豆腐と枝豆とツナのポン酢あえ

加熱なし / 5分

豆腐をつぶさないよう混ぜるのがコツ

1人分 151kcal／塩分 0.8g

材料(2人分)
木綿豆腐…1/2丁
枝豆(冷凍・さやつき)…50g(正味)
ツナ缶…1/2缶(35g)
ポン酢しょうゆ…大さじ1

作り方
❶豆腐はキッチンペーパーに包んで水けをしっかりときる。手で2cm角程度にちぎり、余分な水分が出たらキッチンペーパーでふく。枝豆は解凍してさやから出す。
❷①、缶汁をきったツナ、ポン酢しょうゆをボウルに入れて豆腐をつぶさないように軽くあえる。

豆腐ステーキまいたけハムソース

15分

まいたけの風味が洋風の味つけによく合う

1人分 229kcal／塩分 1.6g

材料(2人分)
木綿豆腐…1丁
まいたけ…1パック
ハム…2枚
小麦粉…適量
バター…8g
A「トマトケチャップ、水…各大さじ2
　 ウスターソース、酒…各大さじ1
ドライパセリ(あれば)…適量

作り方
❶豆腐は水けをきる。6等分に切って小麦粉を薄くまぶす。フライパンにバターを中火で熱し、豆腐を焼き色がつくまで焼いて器に盛る。
❷ハムは8mm幅に切り、まいたけは手で小さくほぐす。
❸①のフライパンに②を入れて2〜3分炒め、Aを加えて煮立て、豆腐にかける。あればドライパセリをふる。

豆腐

小松菜のしゃきっとした食感が
よいアクセントに

1人分 267kcal／塩分 2.5g

豆腐のカレー風味チャンプルー

⏱ 12分

材料(2人分)

木綿豆腐…1丁
小松菜…2株
焼き豚(薄切り・市販)…2枚
卵…1個
ごま油…大さじ1/2
A［しょうゆ…大さじ1と1/2
　　みりん…大さじ1
　　砂糖、カレー粉…各小さじ1
　　にんにく(すりおろし)
　　　…小さじ1/2］

作り方

❶小松菜は4cm長さに、焼き豚は1cm幅に切る。豆腐は水きりして大きめにちぎる。
❷フライパンにごま油を中火で熱し、豆腐と焼き豚を入れて豆腐に焼き色をつける。溶いた卵を加えて炒める。
❸小松菜を加えてさっと炒め、しんなりしてきたらAを加えて炒め合わせる。

万人受けする、
ごはんが進むおかず

1人分 214kcal／塩分 1.4g

炒り豆腐

⏱ 23分

材料(4～5人分)

木綿豆腐…2丁
鶏ひき肉…150g
さやいんげん…3本
干ししいたけスライス…5g
(ぬるま湯につけてもどしておく)
卵…1個
サラダ油…大さじ1/2
A［しょうゆ…大さじ2
　　みりん…大さじ1
　　砂糖…大さじ1/2
　　和風だしの素…小さじ1
　　しょうが(すりおろし)…小さじ1］

作り方

❶豆腐は水きりする。さやいんげんは斜め切りにする。干ししいたけは大きければ細切りにする。
❷フライパンにサラダ油を中火で熱し、鶏ひき肉を炒め、色が変わったら❶のさやいんげんと干ししいたけを加えて炒め、全体に油がまわったら豆腐を手でくずしながら加えて炒める。溶いた卵も加えてぽろぽろになるまで炒める。
❸Aを加えて水分をとばすように炒める。

※冷蔵で約2日保存可能

一度手作りしたら
市販品には戻れない

1人分 178kcal／塩分 0.3g

手作りがんも

⏱ 28分

材料(5人分)

木綿豆腐…2丁
にんじん…1/3本
長ねぎ(小口切り)…1/3本分
塩…ひとつまみ
片栗粉…大さじ1
揚げ油…適量
ポン酢しょうゆ(好みで)…適宜

作り方

❶豆腐は水きりして、キッチンペーパーで水けをふく。にんじんはせん切りピーラーなどで細いせん切りにし、塩をまぶしてもんで汁けをしぼる。
❷ボウルに❶、長ねぎ、片栗粉を入れてしっかりと練り、5等分にして平たい丸形にする。
❸フライパンに揚げ油を2cm程度の深さまで入れ中火～弱火で熱し、❷を静かに入れて揚げ焼きにする。途中裏返し、こんがりときつね色になるまで約15分揚げ、油をきる。食べるときに好みでポン酢しょうゆなどをかける。

※冷蔵で2～3日保存可能

115

豆（水煮）

◎注目の栄養：たんぱく質｜イソフラボン｜コリン
◎うれしい効果：丈夫な細胞づくり｜老化予防｜骨や歯の強化
◎保存法：商品パッケージに記載の表示に従う。

ミックスビーンズとウインナーの炒めサラダ

サラダ菜で巻いていただきます

7分

1人分 148kcal／塩分 0.5g

材料（2人分）
ミックスビーンズ（水煮）…100g
ウインナー…2本
オリーブ油…小さじ1
塩、粗びき黒こしょう…各少量
サラダ菜…4〜6枚

作り方
❶ウインナーは8mm幅の輪切りにする。
❷フライパンにオリーブ油を中火で熱し、①、ミックスビーンズを3分ほど炒める。塩、粗びき黒こしょうで調味する。
❸サラダ菜とともに器に盛る。

大豆とじゃこの甘辛炒め

甘めのしょうゆ味がやみつきに

7分

1人分 173kcal／塩分 1.1g

材料（2人分）
大豆（水煮）…100g
ちりめんじゃこ…20g
サラダ油…大さじ1
A｢砂糖…大さじ1
　｣しょうゆ、水…各小さじ1

作り方
❶大豆は水けをきる。
❷フライパンにサラダ油を中火で熱し、①、じゃこをカリッとするまで3〜4分炒める。Aで調味する。

ミックスビーンズのコロコロサラダ

みずみずしいきゅうりを合わせて

加熱なし

5分

1人分 151kcal／塩分 0.6g

材料（2人分）
ミックスビーンズ（水煮）…100g
きゅうり…1/2本
ホールコーン…30g
A｢おろし玉ねぎ…大さじ1
　｜オリーブ油…大さじ1
　｜酢…大さじ1/2
　｜しょうゆ…小さじ1
　｣粗びき黒こしょう、塩、砂糖…各少量

作り方
❶きゅうりは1cm角に切る。
❷ボウルにAを合わせ、ミックスビーンズ、①、コーンを加えてあえる。

116

豆（水煮）

ほんのりにんにくの香りがそそる

1人分 152kcal／塩分 0.5g

ミックスビーンズとミニトマトのチーズあえ

加熱なし／5分

材料（2人分）
- ミックスビーンズ（水煮）…100g
- ミニトマト…5個
- A
  - アンチョビ（みじん切り）…1枚分
  - オリーブ油、粉チーズ…各大さじ1
  - おろしにんにく…小さじ1/3
  - 塩、粗びき黒こしょう…各少量

作り方
1. ミニトマトは半分に切る。
2. ボウルにAを合わせ、①、ミックスビーンズを加えてあえる。

たっぷりの汁ごといただくスープ煮

1人分 68kcal／塩分 0.6g

ミックスビーンズのコンソメキャベツ煮

12分

材料（4～5人分）
- ミックスビーンズ（水煮）…70g
- キャベツ…1/3個
- A
  - 水…1カップ
  - 固形コンソメ…1個
  - オリーブ油…大さじ1
  - 塩、粗びき黒こしょう…各少量

作り方
1. キャベツは1.5cm幅に切る。
2. 耐熱容器にAを入れて混ぜ合わせ、①を入れてふんわりとラップをかけて、電子レンジで約4分加熱する。ミックスビーンズを加えて、さらに2～3分加熱する。

※冷蔵で約2日、冷凍で2週間保存可能

好相性のじゃがいも×大豆をカレー味で

1人分 173kcal／塩分 0.6g

大豆のカレーポテサラ

20分

材料（4～5人分）
- 大豆（水煮）…40g
- じゃがいも…3～4個（450g）
- さやいんげん…2本
- A
  - マヨネーズ…大さじ6と1/2
  - カレー粉…小さじ1
  - 塩…小さじ1/4

作り方
1. じゃがいもは皮をむいて6等分に切り、さっと水にさらす。さやいんげんは1cm幅に切る。
2. 耐熱容器に①を入れ、ふんわりとラップをかけて電子レンジで6～10分加熱する。
3. ②を熱いうちにつぶし、大豆とAを加えて混ぜる。

※冷蔵で約2日保存可能

おもな副食材から今日作りたいレシピを探せます。
主材料として使う野菜、卵、豆製品以外で家にある材料から
レシピを探したいときなどにご活用ください。

副材料別 INDEX

肉・肉加工品

牛肉
●牛薄切り肉
- 牛肉と春菊のすき焼き風煮 … 51

鶏肉
●鶏ささ身
- にらとささ身のごま酢あえ … 28
- キャベツとささ身のねぎ塩だれ … 81
- もやしとささ身のバンバンジー風 … 104

ひき肉
●鶏ひき肉
- トマトカップのひき肉詰め … 69
- かぼちゃのそぼろ煮 … 18
- かぶの中華風そぼろあんかけ … 21
- ごぼうと鶏ひき肉のしょうがじょうゆ炒め … 37
- 大根と鶏ひき肉のレンジ煮 … 58
- チンゲン菜と鶏ひき肉の塩麹炒め … 64
- 炒り豆腐 … 115

●合いびき肉
- 玉ねぎのカレーそぼろ煮 … 34
- ゴーヤーとひき肉のカレー風味炒め … 63
- トマトとひき肉のナンプラー炒め … 68
- 長いものひき肉炒め … 73
- にらとひき肉の春巻き … 81
- 白菜と豚ひき肉の中華炒め … 88
- もやしとひき肉の豆乳スープ … 104

肉加工品
●ウインナー
- アスパラとウインナーのトマトスープ … 12
- かぶとウインナーのペペロンチーノ風炒め … 18
- ザワークラウト風キャベツとウインナーのスープ煮 … 29
- ジャーマンポテト … 31
- じゃがいものガーリックパセリ炒め … 46
- キャベツとウインナーのケチャップ炒め … 49
- たけのことウインナーのパン粉焼き … 60
- 玉ねぎとウインナーのナポリタン風 … 63
- 白菜とウインナーのカレーグラタン … 86
- ほうれん草とウインナーのレンチンホットサラダ … 95
- ブロッコリーとウインナーのカレー炒め … 97
- もやしのナポリタン風炒め … 103
- もやしとウインナーのカレー炒め … 105
- ミックスビーンズとウインナーの炒めサラダ … 116

●サラダチキン
- キャベツとサラダチキンの塩バター炒め … 30
- サラダチキンとブロッコリーのコンソメスープ … 75
- レンチン茶碗蒸し … 112

●ハム
- ごぼうとハムのエスニックサラダ … 36
- 里いもとハムのグラタン風 … 42
- じゃがいものトマト煮 … 49
- 玉ねぎとハムのレモンマリネ … 62
- チンゲン菜とハムのクリーム煮 … 64
- ピーラーにんじんとハムのみそ汁 … 85
- 白菜とハムのクリーム煮 … 87
- ブロッコリーのハム巻きわさび … 93
- ほうれん草とハムのみそマヨあえ … 98
- もやしときゅうりの中華サラダ … 105
- 薄焼き卵のハムチーズ巻き … 112
- 豆腐ステーキまいたけハムソース … 114

●ベーコン
- アスパラのベーコン巻き … 12
- アボカドとベーコンのソテー … 14
- かぼちゃのグラタン風 … 20
- くし切りキャベツのレンチン温サラダ … 28
- 巣ごもりキャベツ … 30
- 小松菜とベーコンのガーリックソテー … 39
- さやいんげんのベーコン巻き焼き … 45
- フライドポテト&ベーコンのタルタルソース添え … 48
- セロリとベーコンのスープ煮 … 54
- 長いもとベーコンの和風煮 … 73
- なすとベーコンのトマト炒め … 76
- ほうれん草のシーザーサラダ風 … 97
- もやしのベーコン巻き … 105
- れんこんとベーコンのバターじょうゆ炒め … 109

●焼き豚
- もやしと卵と焼き豚の中華炒め … 111
- 豆腐のカレー風味チャンプルー … 115

魚介加工品

缶詰
●さけ水煮缶
- さけ缶とブロッコリーのからしマヨネーズサラダ … 35
- さけ缶とキャベツのチャンチャン焼き風 … 35

●さば水煮缶
- さば缶とミニトマトのマリネ … 15
- さば缶とたたききゅうりのごまあえ … 15
- さば缶と豆腐の韓国風スープ煮 … 27
- さば缶と大根の和風煮もの … 27
- さば缶のポテトサラダ … 15
- さば缶とピーマンのオイスターソース炒め … 20
- さば缶とトマトのねぎチーズ焼き … 35

●ツナ缶
- アスパラとツナのサラダ … 13
- かぼちゃとツナのサラダ … 20
- きゅうりボートのツナマヨのせ … 35
- ツナじゃが煮 … 35
- 里いもとツナの梅マヨサラダ … 43
- オニオンスライスとツナの梅ドレッシング … 63
- ミニトマトのツナマヨサラダ … 70
- 長ねぎとツナのナムル … 74
- 白菜とツナのチーズ焼き … 86
- ピーマンのツナチーズ焼き … 90
- もやしとツナのオイスターマヨあえ … 103
- もやしとにんじんのツナサラダ … 104

副材料別INDEX

乾物

● 削り節
- レタスのシーザーサラダ … 107
- れんこんとツナのカレーマヨサラダ … 108
- スパニッシュオムレツ … 112
- 厚揚げとツナ&アボカドの春巻き … 113
- 豆腐と枝豆とツナのポン酢あえ … 114
- アスパラの焼きびたし … 12
- キャベツのお好み焼き風オムレツ … 13
- アスパラのおかかあえ … 14
- オクラ納豆 … 17
- アボカドとチーズのおかかあえ … 30
- キャベツと油揚げの煮びたし … 31
- キャベツの梅おかか炒め … 31
- ゴーヤーのしょうが煮 … 34
- 小松菜のおかかじゃこ炒め … 38
- たけのこの土佐煮 … 60
- とろろ昆布と梅干しのスープ … 61
- オニオンスライスのおかかポン酢がけ … 62
- チンゲン菜のマヨポン炒め … 65
- 豆苗と厚揚げのチャンプルー … 66
- 長いもの磯辺焼き風 … 72
- せん切り長いものおかかポン酢がけ … 73
- 白菜入り湯豆腐 … 86
- 白菜のおひたし … 88
- ピーマンのおかかあえ … 91
- ほうれん草のめかぶあえ … 96
- ほうれん草とえのきのおひたし … 99
- もやしとかにかまの塩昆布おかかあえ … 103

● 桜えび
- キャベツと桜えびのポン酢あえ … 29
- 小松菜と桜えびの中華風豆乳スープ … 40
- 里いものぺったんこ焼き … 43
- 大根もち … 56
- 玉ねぎと桜えびの中華炒め … 63
- もやしと桜えびの中華スープ … 66
- なすと桜えびのさっと煮 … 75
- 豆苗と桜えびの煮びたし … 78
- ブロッコリーと桜えびのオイスターソース炒め … 95
- 桜えびと春雨のエスニック卵焼き … 111

● しらす干し
- 白菜のしらすポン酢 … 14
- にんじんとしらすの和風マリネ … 84
- アボカドのしらすポン酢がけ … 88

● ちりめんじゃこ
- 小松菜のおかかじゃこ炒め … 38
- じゃがいもの梅じゃこあえ … 48
- ズッキーニとじゃこの炒め … 52
- せん切り大根とじゃこと水菜のサラダ … 58
- 水菜と油揚げ、じゃこの和風サラダ … 101
- 大豆とじゃこの甘辛炒め … 116

魚卵

● たらこ
- もやしのたらこあえ … 105
- れんこんのたらこチーズ焼き … 109
- さやいんげんのたらこ炒め … 45
- タラモサラダ … 48
- セロリのたらこマヨサラダ … 54
- 長いものたらこあえ … 72
- ほうれん草と厚揚げのたらこあえ … 99

● 明太子
- ごぼうの明太マヨサラダ … 37
- スナップえんどうの明太マヨサラダ … 53
- レンチンなすの明太マヨネーズあえ … 76
- にんじんの明太子炒め … 82

練り物

● かに風味かまぼこ
- かぶとかにかまの玉ねぎドレッシングサラダ … 19
- きゅうりとかにかまのゆずこしょうマヨサラダ … 33
- 大根とかにかまのマヨサラダ … 57
- かにかまとほうれん草のみそ汁 … 67
- ブロッコリーとかにかまのとろみ煮 … 93
- 水菜とかにかまのごま酢あえ … 101
- もやしとかにかまの塩昆布おかかあえ … 103
- 玉ねぎとかにかまの卵とじ … 111

● かまぼこ
- 小松菜とかまぼこの梅あえ … 39
- 水菜とかまぼこのすまし汁 … 101
- レンチン茶碗蒸し … 112

● ちくわ
- かぼちゃとちくわのごま酢あえ … 20
- ゴーヤーとちくわの甘辛炒め … 34
- 春菊とちくわのかき揚げ … 40
- 大根とちくわのバターしょうゆ炒め … 51
- ピーマンとちくわのオイスターソース炒め … 57
- 大根とちくわの梅しそごまあえ … 84
- 小松菜と切り干し大根のちくわ炒め … 90
- ちくわのもやし詰め … 102

● さつま揚げ
- にんじんとさつま揚げのしょうがじょうゆ炒め … 41
- さつまいもとひじき、さつま揚げの煮もの … 84

● はんぺん
- 春菊とはんぺんのさっと煮 … 50

● 魚肉ソーセージ
- 里いもとソーセージのオイスターソース炒め … 26
- ゴーヤーと魚肉ソーセージのキムチ炒め … 34
- まいたけと魚肉ソーセージのケチャップ炒め … 42
- 長ねぎと魚肉ソーセージのソース炒め … 74

その他

● アンチョビ
- キャベツのアンチョビ炒め … 29
- パプリカのアンチョビマヨ焼き … 89
- ほうれん草のシーザーサラダ風 … 97
- レタスのシーザーサラダ … 107
- ミックスビーンズとミニトマトのチーズあえ … 117

● いかの塩辛
- オクラの塩辛あえ … 16
- じゃがいもの塩辛バターのせ … 47

副材料別INDEX

●いかのくん製
- セロリといかのくん製のマリネ …… 54

●ゆでえび
- トマトとえびのタイ風春雨サラダ …… 71

●ゆでだこ
- マッシュルームとたこのアヒージョ …… 26
- 小松菜とたこのオイルあえ …… 40
- 長ねぎとたこのからし酢みそあえ …… 74
- にらとたこのキムチあえ …… 80

豆・豆製品

●厚揚げ
- 豆苗と厚揚げのチャンプルー …… 66
- 白菜と厚揚げの煮びたし …… 87
- ブロッコリーと厚揚げの薄味煮 …… 93
- ほうれん草と厚揚げの卵とじ …… 99
- 水菜と厚揚げのゆずこしょう炒め …… 100

●油揚げ
- キャベツと油揚げの煮びたし …… 31
- 小松菜の煮びたし …… 39
- じゃがいものコチュジャン煮 …… 48
- にらと油揚げの卵とじ …… 81
- 水菜と油揚げ、じゃこの和風サラダ …… 101
- れんこんと油揚げのごま酢あえ …… 109

●枝豆
- 豆腐と枝豆とツナのポン酢あえ …… 114

●がんもどき
- かぶとがんもどきの煮もの …… 19

●絹ごし豆腐
- くずし豆腐とねぎのみそ汁 …… 67
- さば缶と豆腐の韓国風スープ煮 …… 27
- トマトと豆腐のもずく合わせ …… 68
- トマトと豆腐のレンジ蒸し …… 92
- にんじんの白あえ …… 82
- ほうれん草としいたけの白あえ …… 97

●豆乳
- 小松菜と桜えびの中華風豆乳スープ …… 40
- 白菜とツナのチーズ焼き …… 86
- もやしとひき肉の豆乳スープ …… 104

●納豆
- オクラ納豆 …… 17

●ミックスビーンズ
- ズッキーニとミックスビーンズのトマトスープ …… 75

●木綿豆腐
- 白菜入り湯豆腐 …… 96
- ブロッコリーの白あえ …… 86
- ほうれん草とチーズのサラダ …… 94

卵・卵加工品

卵

●うずら卵
- トマトとうずら卵のミモザ風サラダ …… 70
- ほうれん草とうずら卵のグラタン …… 98

●卵
- 巣ごもりキャベツ …… 30
- キャベツのお好み焼き風オムレツ …… 30
- 小松菜の卵とじ …… 38
- 春菊と卵のしょうが炒め …… 51
- スナップえんどうの卵とじ …… 53
- 豆苗のスクランブルエッグ …… 66
- トマト卵炒め …… 69
- にんじん入り卵焼き …… 81
- にんじん入り卵とじ …… 82
- レタスと落とし卵のみそ汁 …… 85
- 白菜と厚揚げの卵とじ …… 87
- ブロッコリーの豆板醤ピカタ …… 94
- ブロッコリーのマヨネーズフリッター …… 95
- ほうれん草と炒り卵の塩昆布あえ …… 96
- ほうれん草のレンチンココット …… 99
- もやしとピーマンのチャンプルー …… 102
- もやしと卵のソース炒め …… 103
- もやしとねぎのチヂミ風 …… 104
- レタスと卵のコンソメスープ …… 106
- 油揚げの宝煮 …… 113
- 豆腐のカレー風味チャンプルー …… 115
- 炒り豆腐 …… 115

卵加工品

●温泉卵
- ゆでアスパラの温玉のせ …… 13

●ゆで卵
- じゃがいもとゆで卵のマスタードサラダ …… 47
- フライドポテト＆ベーコンのタルタルソース添え …… 48
- ブロッコリーのタルタルソースがけ …… 92

海藻

●あおさのり
- あおさのりのみそ汁 …… 67

●青のり
- キャベツのお好み焼き風オムレツ …… 30

●カットわかめ
- もやしのソース炒め …… 103
- きゅうりとわかめの酢のもの …… 32
- 大根とわかめの中華サラダ …… 57
- 春雨わかめスープ …… 61
- レタスとわかめの酢のもの …… 107

●昆布
- かぶの千枚漬け風 …… 18
- 白菜入り湯豆腐 …… 86
- 白菜のレモン風味浅漬け …… 87

●塩昆布
- かぶの塩昆布あえ …… 19
- セロリの塩昆布あえ …… 32
- たたききゅうりの塩昆布あえ …… 55
- ブロッコリーの塩昆布ねぎあえ …… 94
- ほうれん草と炒り卵の塩昆布あえ …… 96
- もやしとかにかまの塩昆布あえ …… 103

●とろろ昆布
- とろろ昆布と梅干しのスープ …… 61

●めかぶ
- きゅうりのめかぶあえ …… 33
- ほうれん草のめかぶあえ …… 96

●もずく
- オクラともずくのねばねばスープ …… 17

副材料別 INDEX

野菜・野菜加工品

香味野菜

●青じそ
- アボカドのしらすポン酢がけ … 14
- ゴーヤーとちくわの梅しそごまあえ … 34
- ごぼうの明太マヨサラダ … 37
- 豆苗とえのきのポン酢しょうゆあえ … 66
- 長いものたらこあえ … 72
- なすのしそ風味浅漬け … 79
- もやしのベーコン巻き … 105
- もやしのたらこあえ … 105
- 油揚げの梅しそチーズ焼き … 113
- 厚揚げのしそから揚げ … 113

●みょうが
- オニオンスライスとツナの梅ドレッシング … 63
- なすの冷や汁風 … 78
- 冷ややっこトマトしょうがのせ … 114

●バジルの葉
- カプレーゼ … 69

●にら
- にら玉炒め … 27
- さば缶と豆腐の韓国風スープ煮 … 110

●香菜
- トマトとひき肉のナンプラー炒め … 68

●長ねぎ
- オクラとメンマのピリ辛あえ … 17
- しいたけのねぎみそ焼き … 25
- さば缶とトマトのねぎ塩チーズ焼き … 27
- キャベツとささ身のねぎ塩だれ … 28
- 里いものぺったんこ焼き … 43
- 大根のみそ照り焼き … 59
- 焼きなすのねぎ塩炒め … 77
- なすの中華風ねぎ塩だれ … 79
- ブロッコリーとザーサイの中華あえ … 93
- もやしとささ身のバンバンジー風 … 94
- レタスのねぎ塩だれ … 104
- もやしとねぎのチヂミ風 … 104
- ブロッコリーの塩昆布ねぎあえ … 107
- 油揚げの宝煮 … 113
- 手作りがんも … 115

●貝割れ菜
- 貝割れ菜と焼き麩のみそ汁 … 67

●焼きのり
- アボカドのナムル … 14
- 塩もみキャベツとチーズのカレー風味春巻き … 30
- きゅうりの豆板醤炒め … 32
- 春菊とキムチのサラダ … 50
- 長いもの磯辺焼き風 … 72
- 水菜とメンマの中華あえ … 100
- レタスとのりのナムル … 106

●芽ひじき
- トマトと豆腐のもずく合わせ … 68
- さつまいもとひじき、さつま揚げの煮もの … 41
- にんじんとひじきのくるみマヨあえ … 83
- 水菜とひじきのあっさりサラダ … 100

野菜加工品

●赤じそふりかけ
- さつまいもの赤じそあえ … 41
- さやいんげんの赤じそマリネ … 44
- 大根の赤じそマヨあえ … 58
- れんこんの赤じそあえ … 109

●切り干し大根
- 小松菜と切り干し大根のごま酢あえ … 40

●コーンクリーム缶
- コーンクリームスープ … 61

●ザーサイ
- セロリとザーサイの中華炒め … 55
- パプリカとザーサイの中華風あえ … 89
- ブロッコリーとザーサイの中華あえ … 93

●しば漬け
- ゆで卵のデビルドエッグ風 … 110

●高菜漬け
- もやしの刻み高菜あえ … 102

●大根おろし
- えのきのおろしあえ … 25

●トマトジュース
- アスパラとウインナーのトマトスープ … 12
- ズッキーニのトマト煮 … 52
- ズッキーニとミックスビーンズのトマトスープ … 75

●トマト水煮缶
- じゃがいものトマト煮 … 49

●白菜キムチ
- さば缶と豆腐の韓国風スープ煮 … 27
- ゴーヤーと魚肉ソーセージのキムチ炒め … 34
- 春菊とキムチのサラダ … 50
- にらとたこのキムチあえ … 80

●干ししいたけ
- 炒り豆腐 … 115

●ホールコーン
- カリフラワーとコーンのサラダ … 22
- さやいんげんとコーンのバター炒め … 44
- 大根のみそ照り焼き … 59
- じゃがいもとコーンのバターみそ汁 … 85
- ほうれん草とコーンのバターソテー … 98
- ミックスビーンズのコロコロサラダ … 116

●紅しょうが
- キャベツのお好み焼き風オムレツ … 30

●メンマ
- オクラとメンマのピリ辛あえ … 17
- 水菜とメンマの中華あえ … 100

果実

●梅干し
- アスパラのおかか梅あえ … 13
- キャベツの梅おかか炒め … 31
- ゴーヤーとちくわの梅しそごまあえ … 34
- 里いもとツナの梅マヨサラダ … 39
- 小松菜とかまぼこの梅あえ … 43
- じゃがいもの梅マヨサラダ … 48
- とろろ昆布と梅干しのスープ … 61

副材料別INDEX

梅干しの続き
- オニオンスライスとツナの梅ドレッシング … 63
- チンゲン菜の梅あえ … 65
- なすの梅ごまあえ … 78
- 油揚げの梅しそチーズ焼き … 113

●りんご
- 白菜とりんごのサラダ … 88

●レーズン
- さつまいもとレーズンのサラダ … 41
- キャロットラペ … 83

●レモン
- かぶとレモンの浅漬け … 19
- ごぼうのかき揚げ … 37
- 小松菜のナンプラー炒め … 38
- 白菜のレモン風味浅漬け … 87
- れんこんの和風ステーキ … 108

いも加工品

●こんにゃく
- 里いもとこんにゃくの煮っころがし … 43

●春雨
- 春雨わかめスープ … 61
- トマトとえびのタイ風春雨サラダ … 71
- 桜えびと春雨のエスニック卵焼き … 111

乳製品

●牛乳
- かぼちゃのグラタン風 … 20

●粉チーズ
- カリフラワーと玉ねぎのクリーム煮 … 22
- キャベツのお好み焼き風オムレツ … 30
- 里いもとハムのグラタン風 … 42
- ポテトのチーズ焼き … 46
- マッシュポテト … 47
- スナップえんどうの明太マヨがけ … 53
- コーンクリームスープ … 61
- チンゲン菜とハムのクリーム煮 … 64
- 豆苗のスクランブルエッグ … 66
- トマト卵炒め … 69
- アボカドとアスパラのクリームスープ … 75
- 白菜とハムのクリーム煮 … 87
- ブロッコリーとマッシュルームのブラウンソース … 92
- ブロッコリーのハム巻き わさびタルタルソース添え … 93
- ほうれん草のシーザーサラダ風 … 97
- ほうれん草とウインナーのカレーグラタン … 97
- ほうれん草とうずら卵のグラタン … 98
- レタスのシーザーサラダ … 107
- スパニッシュオムレツ … 112
- アスパラとウインナーのトマトスープ … 12
- ゆでアスパラの温玉のせ … 13
- きゅうりボートのツナマヨのせ … 35
- じゃがいものトマト煮 … 49
- 玉ねぎとウインナーのナポリタン風 … 63
- なすとベーコンのトマト炒め … 76
- ブロッコリーの豆板醤ピカタ … 94
- ほうれん草のシーザーサラダ風 … 97

●スライスチーズ
- 塩もみキャベツとチーズのカレー風味キャベツ春巻き … 30
- 薄焼き卵のハムチーズ巻き … 112
- レタスのシーザーサラダ … 107
- ミックスビーンズとミニトマトのチーズあえ … 117

●ピザ用チーズ
- かぼちゃのグラタン風 … 20
- エリンギのチーズ焼き … 26
- さば缶とトマトのねぎチーズ焼き … 27
- 里いもとハムのグラタン風 … 42
- ズッキーニのみそチーズ焼き … 46
- ポテトのツナチーズ焼き … 52
- なすのオニオングラタン風スープ … 62
- 白菜とツナのチーズ焼き … 86
- ピーマンのツナチーズ焼き … 90
- ほうれん草とウインナーのカレーグラタン … 97
- ほうれん草とうずら卵のグラタン … 98
- れんこんのたらこチーズ焼き … 109
- 油揚げの梅しそチーズ焼き … 113

●プロセスチーズ
- アボカドとチーズのおかかあえ … 14
- キャベツとくるみ、チーズのサラダ … 28
- ほうれん草とくるみ、チーズのサラダ … 96

●プレーンヨーグルト
- かぼちゃとツナのサラダ … 20
- スティックセロリのみそヨーグルトディップ … 55

●モッツァレラチーズ
- カプレーゼ … 69

穀類

●春巻きの皮
- 塩もみキャベツとチーズのカレー風味キャベツ春巻き … 30
- にらとひき肉の春巻き … 81
- 厚揚げとツナ&アボカドの春巻き … 113

●食パン
- レタスのシーザーサラダ … 107

●フランスパン
- ほうれん草のシーザーサラダ風 … 97

種実類

●アーモンド
- オクラのクミン風味炒め … 16
- マッシュルームの粒マスタード風味サラダ … 24

●くるみ
- キャベツとくるみ、チーズのサラダ … 28
- 春菊のくるみあえ … 50
- にんじんとひじきのくるみマヨあえ … 83
- ほうれん草のくるみみそあえ … 98

あえもの、炒めものなどの料理ジャンルから
今日作りたいレシピを探せます。
主菜に合わせて副菜を探すときなどにご活用ください。

料理ジャンル別 INDEX

あえる

●和風
- アスパラのおかか梅あえ 13
- さば缶とたたききゅうりのおかかあえ 14
- 長いものたらこあえ 15
- オクラの塩辛あえ 16
- オクラ納豆 17
- かぶの塩昆布あえ 19
- カリフラワーのごまあえ 22
- えのきのおろしあえ 25
- 焼きしいたけのごまあえ 26
- キャベツと桜えびの梅あえ 29
- たたききゅうりの梅あえ 32
- きゅうりと桜えびの塩昆布あえ 32
- きゅうりとわかめの酢のもの 33
- きゅうりのめかぶあえ 34
- ゴーヤーとちくわの梅しそごまあえ 36
- たたきごぼうのごまあえ 39
- 小松菜のごまあえ 40
- 小松菜とかまぼこの梅あえ 41
- 小松菜と切り干し大根のごま酢あえ 42
- さつまいもの赤じそあえ 44
- 里いものごまみそあえ 46
- さやいんげんの赤じそマヨあえ 48
- じゃがいもの梅の黒ごまあえ 50
- じゃがいもの梅じゃこあえ 53
- 春菊のくるみあえ 55
- スナップえんどうのからし酢みそあえ
- セロリの塩昆布あえ

- ピーラー大根とにんじんのごまみそあえ 58
- チンゲン菜の梅あえ 65
- 豆苗とえのきのポン酢しょうゆあえ 66
- 長いものたらこあえ 72
- 長ねぎとたたきこのからし酢みそあえ 74
- レンチンなすの明太マヨネーズあえ 76
- なすの梅ごまあえ 78
- にらとささ身のごま酢あえ 81
- にんじんの白あえ 82
- にんじんとひじきのくるみマヨあえ 83
- にんじんのごまあえ 83
- にんじんとしらすの和風マリネ 84
- にんじんと大根のなます 84
- ピーマンのおかかあえ 91
- ブロッコリーの白あえ 94
- ブロッコリーの塩昆布ねぎあえ 94
- ほうれん草のめかぶあえ 96
- ほうれん草と炒り卵の塩昆布あえ 96
- ほうれん草としいたけの白あえ 97
- ほうれん草のくるみみそあえ 98
- ほうれん草とハムのみそマヨあえ 98
- ほうれん草と厚揚げのたらこあえ 99
- 水菜とかにかまのごま酢あえ 101
- 水菜の刻み高菜あえ 102
- もやしとかにかまの塩昆布おかかあえ 103
- もやしのたらこあえ 105
- もやしの塩昆布おかかあえ 107
- レタスとわかめの酢のもの 107
- れんこんと油揚げのごま酢あえ 109
- れんこんの赤じそあえ 109

●洋風
- 豆腐と枝豆とツナのポン酢あえ 114
- さば缶とミニトマトのマリネ 15
- さやいんげんの粒マスタードあえ 45
- セロリといかくんのマリネ 54
- 大根の赤じそマリネ 58
- たけのこのバジルオイルマリネ 60
- 玉ねぎとハムのレモンマリネ 62
- なすのマスタードドレッシングマリネ 77
- 焼きパプリカの粒マスタードマリネ 89
- ミックスビーンズとミニトマトのチーズあえ 117

●中華・エスニック風
- アボカドのナムル 14
- オクラとメンマのピリ辛あえ 17
- キャベツのナムル 28
- 小松菜とたこのオイルあえ 40
- トマトの中華あえ 70
- 長ねぎとツナのナムル 74
- にらとたこのキムチあえ 80
- パプリカとザーサイの中華風ごまあえ 89
- ピーマンのナムル 91
- ブロッコリーとザーサイの中華あえ 93
- 水菜とメンマの中華あえ 100
- もやしとツナのオイスターマヨあえ 103
- レタスとのりのナムル 106

揚げる

●天ぷら
- ごぼうのかき揚げ 37
- 春菊とちくわのかき揚げ 51
- なすの天ぷら 77

●春巻き
- 塩もみキャベツとチーズの春巻き 30
- カレー風味キャベツ春巻き 81
- にらとひき肉の春巻き 113
- 厚揚げとツナ&アボカドの春巻き

●フライド野菜
- フライドポテト&ベーコンのタルタルソース添え 48
- フライド大根 59

●その他
- さつまいもの大学いも風 41
- ズッキーニの素揚げ 52
- ブロッコリーのマヨネーズフリッターわさびじょうゆがけ 95
- 厚揚げのしそから揚げ 113
- 手作りがんも 115

炒める

●和風
- かぼちゃとちくわの甘辛炒め 20
- キャベツの梅おかか炒め 31
- さけ缶とキャベツのチャンチャン焼き風 35
- きんぴらごぼう 36

料理ジャンル別 INDEX

炒める ● 和風の続き

- ごぼうと鶏ひき肉のしょうが炒め … 37
- 小松菜のおかかじゃこ炒め … 38
- さやいんげんのたらこ炒め … 45
- じゃがいものバターじょうゆきんぴら … 47
- 春菊と卵のしょうが炒め … 51
- ズッキーニとじゃこのしょうが炒め … 52
- 大根とちくわのバターしょうゆ炒め … 57
- 大根のみそ照り炒め … 59
- チンゲン菜と鶏ひき肉の塩麹炒め … 64
- チンゲン菜のマヨポン炒め … 65
- 豆苗と厚揚げのチャンプルー … 66
- 長いものひき肉炒め … 73
- なすの甘みそ炒め … 78
- 水菜と厚揚げのゆずこしょう炒め … 100
- もやしとピーマンのチャンプルー … 102
- れんこんとにんじんの甘酢炒め … 108
- 豆腐のカレー風味チャンプルー … 115
- 炒り豆腐 … 115
- 大豆とじゃこの甘辛炒め … 116

● 洋風

- アボカドとベーコンのソテー … 14
- かぶとウインナーのペペロンチーノ風炒め … 18
- カリフラワーのペペロンチーノ炒め … 23
- ミックスきのこのにんにく炒め … 24
- まいたけと魚肉ソーセージのケチャップ炒め … 26
- キャベツのアンチョビ炒め … 29
- キャベツとサラダチキンの塩バター炒め … 30
- キャベツとウインナーのケチャップ炒め … 31
- 小松菜とベーコンのガーリックソテー … 39
- さやいんげんとコーンのバター炒め … 44
- ジャーマンポテト … 46
- じゃがいものガーリックパセリ炒め … 49
- スナップえんどうのガーリック炒め … 53
- 玉ねぎとウインナーのナポリタン風 … 63
- 豆苗のスクランブルエッグ … 66
- トマト卵炒め … 69
- 長ねぎと魚肉ソーセージのソース炒め … 74
- なすとベーコンのトマト炒め … 76
- にんじんの明太子炒め … 82
- にんじんとさつま揚げのしょうが炒め … 84
- ほうれん草とコーンのバターソテー … 98
- もやしのナポリタン風炒め … 105
- れんこんとベーコンのバターじょうゆ炒め … 109

● 中華・エスニック風

- オクラのクミン風味炒め … 16
- きのこのナンプラー炒め … 25
- さば缶とピーマンのオイスターソース炒め … 27
- きゅうりの豆板醤炒め … 32
- ゴーヤーと魚肉ソーセージのキムチ炒め … 34
- ゴーヤーとひき肉のカレー風味炒め … 34
- 小松菜のナンプラー炒め … 38
- 里いもとソーセージのオイスター炒め … 42
- セロリとザーサイの中華炒め … 55
- たけのこのオイスターソース炒め … 60
- 玉ねぎと桜えびの中華炒め … 63
- チンゲン菜と豚ひき肉の豆板醤炒め … 65
- トマトと玉ねぎのナンプラー炒め … 68
- にらともやしの豆板醤炒め … 80
- 白菜と豚ひき肉の中華炒め … 88
- ピーマンとちくわのオイスターソース炒め … 90
- ちぎりピーマンのコチュジャン炒め … 91
- ブロッコリーと桜えびのオイスターソース炒め … 95
- もやしと卵のソース炒め … 103
- もやしとウインナーのカレー炒め … 103
- レタスのオイスターソース炒め … 106
- にら玉炒め … 110
- もやしと卵と焼き豚の中華炒め … 111

蒸す

● 和風

- じゃがいもの塩辛バターのせ … 47
- ブロッコリーと豆腐のレンジ蒸し … 92
- ちくわのもやし詰め … 102
- レンチン茶碗蒸し … 112

● 洋風

- 白菜とウインナーのフライパン蒸し … 86
- ほうれん草のレンチンココット … 99

- スパニッシュオムレツ … 112

● 中華・エスニック風

- キャベツとささ身のバンバンジー風 … 28
- もやしとささ身のねぎ塩だれ … 104

煮る

● 和風

- かぼちゃのレンジ煮 … 19
- かぼちゃのそぼろ煮 … 21
- かぶとがんもどきの煮もの … 21
- さば缶と大根の和風煮もの … 27
- キャベツと油揚げの煮びたし … 31
- ゴーヤーのしょうが煮 … 34
- ツナじゃが煮 … 35
- 小松菜の卵とじ … 38
- 小松菜の煮びたし … 39
- さつまいもとひじき、さつま揚げの煮もの … 41
- 里いもの煮もの … 43
- 里いもと大根の煮ころがし … 43
- さやいんげんのしょうゆ煮 … 44
- 春菊とはんぺんのさっと煮 … 50
- 牛肉と春菊のすき焼き風煮 … 51
- スナップえんどうの卵とじ … 53
- レンチンふろふき大根 … 56
- 大根と鶏ひき肉のレンジ煮 … 58
- たけのこの土佐煮 … 60
- 玉ねぎのカレーそぼろ煮 … 63
- 豆苗と桜えびのさっと煮 … 66
- 長いもとベーコンの和風煮 … 73

料理ジャンル別 INDEX

煮る（つづき）

- なすと桜えびの煮びたし … 78
- なすと丸ごとピーマンの煮もの … 79
- にらと油揚げの卵とじ … 81
- 白菜と厚揚げの卵とじ … 87
- ピーマンの丸ごと煮 … 91
- ブロッコリーと厚揚げの薄味煮 … 93
- ブロッコリーとかにかまのとろみ煮 … 93
- 玉ねぎとかにかまの卵とじ … 111
- 油揚げの宝煮 … 113

● 洋風

- カリフラワーと玉ねぎのクリーム煮 … 22
- マッシュルームとたこのアヒージョ … 26
- ザワークラウト風キャベツとウインナーのスープ煮 … 29
- じゃがいものトマト煮 … 49
- ズッキーニのトマト煮 … 52
- セロリとベーコンのスープ煮 … 54
- チンゲン菜とハムのクリーム煮 … 64
- レンチンラタトゥイユ … 71
- にんじんグラッセ … 83
- 薄切りにんじんのカレー風味煮 … 84
- 白菜とハムのクリーム煮 … 87
- ミックスビーンズのコンソメキャベツ煮 … 117

● 中華・エスニック風

- かぶの中華風そぼろあんかけ … 18
- カリフラワーのサブジ風蒸し煮 … 23
- さば缶と豆腐の韓国風スープ煮 … 27
- じゃがいものコチュジャン煮 … 48

焼く

● 和風

- アスパラの焼きびたし … 12
- しいたけのねぎみそ焼き … 25
- キャベツのお好み焼き風オムレツ … 30
- 里いものぺたんこ焼き … 43
- 大根ステーキガリバタじょうゆ … 56
- 大根もち … 56
- 玉ねぎのガリバタステーキ … 62
- 長いものバター焼き風 … 72
- 長いもの磯辺焼き風 … 72
- 焼きねぎの和風めんつゆびたし … 74
- なすのみそ田楽 … 76
- にんじん入り卵焼き … 82
- ピーマンの焼きびたし … 90
- れんこんの和風ステーキ … 108
- 油揚げの梅しそチーズ焼き … 113

● 洋風

- アスパラのベーコン巻き … 12
- アスパラのマヨネーズ焼き … 13
- かぼちゃのグラタン風 … 20
- 焼きかぼちゃのチーズ焼き … 21
- エリンギのチーズ焼き … 26
- さば缶とトマトのねぎチーズ焼き … 27
- 里いもとハムのグラタン風 … 30
- 巣ごもりキャベツ … 42
- さやいんげんのベーコン巻き焼き … 45
- ポテトのチーズ焼き … 46
- じゃがいものガレット風 … 49
- ズッキーニのみそチーズ焼き … 52
- たけのことウインナーのパン粉焼き … 60
- なすのチーズ焼き … 77
- 白菜とツナのチーズ焼き … 86
- パプリカのアンチョビマヨ焼き … 89
- ピーマンのツナチーズ焼き … 90
- ブロッコリーとマッシュルームのブラウンソース … 92
- ブロッコリーのハム巻きわさびタルタルソース添え … 93
- ほうれん草とウインナーのカレーグラタン … 97
- もやしのベーコン巻き … 98
- アボカドエッグ … 105
- れんこんのたらこチーズ焼き … 109
- 薄焼き卵のハムチーズ巻き … 112
- 豆腐ステーキまいたけハムソース … 114

● 中華・エスニック風

- 焼きなすのねぎ塩だれ … 77
- ブロッコリーの豆板醤ピカタ … 94
- もやしとねぎのチヂミ風 … 104
- 桜えびと春雨のエスニック卵焼き … 111

ゆでる

● おひたし

- オクラのめんつゆびたし … 16
- 丸ごとトマトのおひたし … 68
- 白菜のおひたし … 88
- ほうれん草とえのきのおひたし … 99

● その他

- ゆでアスパラの温玉のせ … 13
- スナップえんどうの明太マヨがけ … 53
- 白菜入り湯豆腐 … 86
- ブロッコリーのタルタルソースがけ … 92

漬ける

● 漬けもの

- かぶの千枚漬け風 … 18
- かぶとレモンの浅漬け … 19
- きのこのしょうゆ漬け … 24
- キャベツの塩麹漬け … 29
- きゅうりの塩麹漬け … 31
- きゅうりのしょうゆ漬け … 33
- 大根のしょうゆ漬け … 57
- 大根の塩麹漬け … 59
- なすのしそ風味浅漬け … 79
- なすの中華風ねぎだれ漬け … 79
- 白菜のレモン風味浅漬け … 87
- 味つけ卵 … 111

● ピクルス

- カリフラワーのピクルス … 23
- きゅうりのピクルス … 33
- ミニトマトときゅうりのピクルス … 71
- パプリカのピクルス … 89

料理ジャンル別INDEX

サラダ

●和風
- さば缶のポテトサラダ 15
- かぼちゃの和風ごまだれサラダ 21
- きゅうりとかにかまのゆずこしょうマヨサラダ 33
- さけ缶とブロッコリーのからしマヨネーズサラダ 35
- ごぼうの明太マヨサラダ 37
- 里いもとツナの梅マヨサラダ 43
- セロリのたらこマヨサラダ 54
- 大根とかにかまのマヨサラダ 57
- せん切り大根と水菜のじゃこサラダ 58
- オニオンスライスのおかかポン酢がけ 62
- オニオンスライスとツナの梅ドレッシング 63
- ミニトマトとねぎの和風サラダ 71
- せん切り長いものおかかポン酢がけ 73
- 白菜のしらすポン酢 88
- 水菜とひじきのあっさりサラダ 100
- 水菜と油揚げ、じゃこの和風サラダ 101

●洋風
- アスパラとツナのサラダ 13
- かぶとかにかまの玉ねぎドレッシングサラダ 19
- かぼちゃとツナのサラダ 20
- カリフラワーとコーンのサラダ 22
- マッシュルームの粒マスタード風味サラダ 24
- キャベツとくるみ、チーズのサラダ 28
- 大豆のカレーポテサラ 117
- くし切りキャベツのレンチン温サラダ 28
- さつまいもとレーズンのサラダ 41
- じゃがいもとゆで卵のマスタードサラダ 47
- タラモサラダ 48
- スティックセロリのみそヨーグルトディップ 55
- カプレーゼ 69
- トマトのハニーマスタードドレッシング 69
- ミニトマトのツナマヨサラダ 70
- トマトとうずら卵のミモザ風サラダ 70
- キャロットラペ 83
- 白菜とりんごのサラダ 88
- ブロッコリーとウインナーのレンチンホットサラダ 95
- ほうれん草とチーズのサラダ 96
- ほうれん草のシーザーサラダ風 97
- もやしとにんじんのツナサラダ 104
- レタスのシーザーサラダ 107
- ミックスビーンズとウインナーの炒めサラダ 116
- ミックスビーンズのコロコロサラダ 116

●中華・エスニック風
- ごぼうとハムのエスニックサラダ 36
- 春菊とキムチのサラダ 50
- 大根とわかめの中華サラダ 57
- チンゲン菜とトマトの中華サラダ 64
- トマトとえびのタイ風春雨サラダ 71
- もやしときゅうりの中華サラダ 105
- レタスのねぎ塩だれ 107
- れんこんとツナのカレーマヨサラダ 108

汁もの・スープ

●スープ
- アスパラとウインナーのトマトスープ 12
- オクラともずくのねばねばスープ 17
- きのこの和風スープ 25
- 小松菜と桜えびの中華風豆乳スープ 40
- 春雨わかめスープ 61
- コーンクリームスープ 61
- とろろ昆布と梅干しのスープ 61
- オニオングラタン風スープ 62
- ズッキーニとミックスビーンズのトマトスープ 75
- サラダチキンとブロッコリーのコンソメスープ 75
- もやしと桜えびの中華スープ 75
- アボカドとアスパラのクリームスープ 75
- にらとトマトのカレー風味スープ 80
- もやしとひき肉の豆乳スープ 104
- レタスと卵のコンソメスープ 106

●みそ汁
- あおさのりのみそ汁 67
- くずし豆腐とねぎのみそ汁 67
- かにかまとほうれん草のみそ汁 67
- 貝割れ菜と焼き麩のみそ汁 67
- トマトとすりごまのみそ汁 85
- じゃがいもとコーンのバターみそ汁 85
- ピーラーにんじんとハムのみそ汁 85

●その他
- 水菜とかまぼこのすまし汁 85
- なすの冷や汁風 78
- レタスと落とし卵のみそ汁 101

その他の料理

●その他
- アボカドとしらすのポン酢がけ 14
- きゅうりボートのツナマヨのせ 35
- マッシュポテト 47
- トマトと豆腐のもずく合わせ 68
- トマトカップのひき肉詰め 69
- ゆで卵のデビルドエッグ風 110
- 冷ややっこトマトしょうがのせ 114

この本で取り上げられている食材を、主な栄養成分別の一覧にしました。効果的に必要な栄養素を摂りたいときなどにご活用ください。

栄養成分別 主材料 INDEX

たんぱく質

- 豆（水煮） 116
- れんこん 108
- 長いも 72
- 里いも 42

●ムチン（胃腸の働き向上など）
- 卵 110
- じゃがいも 46
- きのこ 24
- アスパラガス 12

ビタミン

●ビタミンA
- 卵 110

●ビタミンACE（ビタミンA、C、Eすべて含んだ状態）（抗酸化作用など）
- アスパラガス 20
- かぼちゃ 50
- 春菊 64
- チンゲン菜 89
- パプリカ 90
- ピーマン 92
- ブロッコリー
- 卵

●ビタミンB群（疲労回復など）
- アスパラガス
- きのこ
- じゃがいも
- 卵 110 46 24 12

●ビタミンC（美肌など）
- カリフラワー 22
- キャベツ 28
- ゴーヤー 34
- さつまいも 41
- じゃがいも 46
- ズッキーニ 52
- スナップえんどう 53
- 豆苗 66
- トマト・ミニトマト 68
- 長ねぎ 74
- ほうれん草 96
- もやし 100
- 水菜 102
- れんこん 108

●ビタミンE（抗酸化作用など）
- アボカド 14
- さつまいも 41
- 厚揚げ・油揚げ
- 卵 110 113

●ビタミンK（骨や歯の強化など）
- キャベツ 28
- 小松菜 38
- 厚揚げ・油揚げ 113

●ビタミンU（胃粘膜の保護など）
- キャベツ 28

ミネラル

●鉄（貧血予防・改善など）
- アボカド 14
- かぶ 18
- 小松菜 38
- さつまいも 41
- 里いも 42
- ズッキーニ 52
- ブロッコリー 92
- ほうれん草 96
- 水菜 102

●カルシウム（骨や歯の強化など）
- 水菜
- ほうれん草
- 豆腐
- 大根
- 小松菜
- キャベツ
- かぶ
- チンゲン菜
- たけのこ（水煮）
- もやし
- レタス 18 28 38 56 64 74 92 100 100 106

●カリウム（血圧降下作用など）
- 豆腐 32
- ズッキーニ 42
- じゃがいも 46
- きゅうり 60
- 里いも 64
- 長いも 72
- チンゲン菜 76
- なす 80
- にら 82
- 白菜 86

ファイトケミカル

●βカロテン（老化予防など）
- アボカド 14
- 小松菜 38
- さやいんげん 44
- ズッキーニ 52
- 豆苗 66
- 長ねぎ 74
- ほうれん草 96

●イソチオシアネート（消化促進など）
- カリフラワー 22
- 大根 56
- 白菜 86

●アントシアニン（抗酸化作用など）
- 豆（水煮） 116
- 厚揚げ・油揚げ 114
- 豆腐 113
- れんこん 108
- なす 76
- 玉ねぎ 62
- セロリ 54
- ごぼう 36

●ポリフェノール（抗酸化作用など）
- パプリカ 89
- にんじん 82
- ゴーヤー 34

●イソフラボン（美肌など）
- 厚揚げ・油揚げ
- 豆腐

●カロテン（抗酸化作用など）
- ゴーヤー 34
- パプリカ 89

食物繊維

- オクラ 16
- きのこ 24
- ごぼう 36
- さつまいも 41
- 里いも 42
- さやいんげん 44
- スナップえんどう 53
- たけのこ（水煮）
- ほうれん草
- もやし
- レタス

127

阪下千恵（さかした ちえ）

料理研究家・栄養士。大手外食企業、食品の宅配会社などでの勤務を経て独立。現在は、書籍、雑誌、企業販促用のレシピ開発、調理道具の開発、メディア出演など、幅広く手掛ける。YouTubeチャンネル「阪下千恵・Blue Terrace」でも発信中。(株)デンキョーグループホールディングスにて家電製品等の商品企画、広報を行う。著書に『改訂版 かんたん！はじめて園児のかわいいおべんとう』(Gakken)、『パスタ365 今日は、どれ作る？』(永岡書店)などがある。

STAFF

装丁・デザイン	内村美早子（ANEMONE GRAPHIC）
撮影	原ヒデトシ、山野知隆
スタイリング	宮沢ゆか、大谷優依、古瀬絵美子
調理アシスタント	宮田澄香、松本綾子、種田宏美
編集協力	大坪美輝、矢作美和（バブーン株式会社）、久保木薫
栄養計算	杉山聖子
校正	聚珍社

★本書は、既刊の『一生使える！野菜のおかず事典300』と『使いやすい15食材をフル活用！作りおき×すぐできおかず400品』（ともにGakken）より、レシピを厳選し、再編集したものです。

気分で選ぶ　副菜365

2025年3月18日　第1刷発行
2025年5月9日　第2刷発行

著者	阪下千恵
発行人	川畑　勝
編集人	中村絵理子
企画編集	庄司みなみ
発行所	株式会社Gakken
	〒141-8416　東京都品川区西五反田2-11-8
印刷所	株式会社DNP出版プロダクツ
DTP製作	株式会社グレン

この本に関する各種お問い合わせ先
●本の内容については、下記サイトのお問い合わせフォームよりお願いします。
　https://www.corp-gakken.co.jp/contact/
●在庫については　Tel 03-6431-1250（販売部）
●不良品（落丁、乱丁）については　Tel 0570 000577
　学研業務センター　〒354-0045　埼玉県入間郡三芳町上富279-1
●上記以外のお問い合わせは　Tel 0570-056-710（学研グループ総合案内）

©Chie Sakashita 2025 Printed in Japan

本書の無断転載、複製、複写（コピー）、翻訳を禁じます。
本書を代行業者等の第三者に依頼してスキャンやデジタル化することは、
たとえ個人や家庭内の利用であっても、著作権法上、認められておりません。

学研グループの書籍・雑誌についての新刊情報・詳細情報は、下記をご覧ください。
学研出版サイト　https://hon.gakken.jp/